RÊVES D'UN VISIONNAIRE

DU MÊME AUTEUR
EN POCHE À LA MÊME LIBRAIRIE

Abrégé de Philosophie, traduction A. Pelletier.

Anthropologie du point de vue pragmatique, traduction M. Foucault.

Le conflit des facultés en trois sections (1798), traduction J. Gibelin.

Critique de la faculté de juger, introduction, traduction et notes A. Philonenko.

Dissertation de 1770, texte latin, introduction et traduction A. Pelletier.

Essai pour introduire en philosophie le concept de grandeur négative, introduction G. Canguilhem, traduction et notes R. Kempf.

Fondements de la métaphysique des mœurs, traduction V. Delbos, introduction et notes A. Philonenko.

Logique, introduction, traduction et notes L. Guillermit.

Métaphysique des mœurs, I. *Doctrine du droit*, II. *Doctrine de la vertu*, traduction et notes A. Philonenko.

Premiers principes métaphysiques de la science de la nature, traduction J. Gibelin.

Première introduction à la Critique de la faculté de juger et autres textes, traduction L. Guillermit.

La religion dans les limites de la simple raison (1793), traduction J. Gibelin, revue par M. Naar.

Les progrès de la métaphysique en Allemagne, traduction L. Guillermit.

Logique, traduction L. Guillermit.

Projet de paix perpétuelle, texte allemand et traduction J. Gibelin.

Prolégomènes à toute métaphysique future qui pourra se présenter comme science, traduction et index L. Guillermit.

Réflexions sur l'éducation, introduction, traduction et notes A. Philonenko.

Rêves d'un visionnaire, traduction F. Courtès.

Observations sur le sentiment du beau et du sublime, introduction, traduction et notes R. Kempf.

BIBLIOTHÈQUE DES TEXTES PHILOSOPHIQUES

Fondateur H. GOUHIER   Directeur J.-F. COURTINE

Emmanuel KANT

RÊVES D'UN VISIONNAIRE

Introduction, traduction et notes par
F. COURTÈS

PARIS

LIBRAIRIE PHILOSOPHIQUE J. VRIN

6, Place de la Sorbonne, V ͤ

2013

© *Librairie Philosophique J. VRIN*, 1989, 2013

Imprimé en France

ISSN 0249-7972

ISBN 978-2-7116-0437-3

www.vrin.fr

LE LIVRE DES DUPES

§ 1. PERSÉCUTÉS – PERSÉCUTEURS

Les *Rêves d'un Visionnaire* méritent certainement une place de premier rang parmi les classiques du rationalisme. Car, soit que la lutte à mener contre l'obscurantisme (et son frère l'illuminisme) concerne plutôt ceux qui en sortent et qui craignent d'y retomber, soit qu'il y ait de trop grands risques à affronter des charlatans astucieux et bien préparés, il est rare qu'un grand nom de savant ou de philosophe ait honoré ces polémiques. Certes, en l'année où Kant publie cet opuscule, jouant les seconds rôles dans une Faculté médiocre, il est loin de la célébrité ; il n'a pas à perdre cette gloire qui ne lui est promise qu'à nos yeux, et qu'il ne peut deviner lui-même. De là ce mouvement d'inconscience, de généreuse irréflexion, qui le fait s'en prendre à Swedenborg : il ne sait pas encore se tenir à distance. Mais, si tel est le fait, un point de droit subsiste : un *classique du rationalisme*, cette expression a-t-elle un sens ?

« En philosophie, a dit Kant, il n'y a pas d'auteur classique [1] ». Voyons si cette formule (classique désormais par l'ironie du sort) est la réponse que nous cherchons. Elle figure dans une note de son article contre Eberhard, où il s'étonne qu'on ne le laisse pas s'écarter d'une doctrine (la conception wolffienne de la sensibilité) comme s'il lui devait une fidélité dont les obligations ne se borneraient pas à l'exposer correctement. Est classique ce qui a la même autorité que le wolffisme pour Eberhard : donc, ce qui peut s'enseigner comme on fait dans les classes, en vue d'une reproduction scrupuleuse par la mémoire, et d'une soumission totale de l'esprit ; ainsi le latin de Cicéron est au-dessus des grammairiens, « car c'est de lui seulement (et de ses contemporains) que nous pouvons apprendre ce qu'est le bon latin ». « Par contre, si quelqu'un croyait relever une faute dans la philosophie de Platon ou de Leibniz, on serait ridicule de s'indigner qu'il ose trouver quelque chose à redire, quand ce serait contre Leibniz. Car nul ne peut, ni ne doit, apprendre de Leibniz ce qui est juste en philosophie ; la pierre de touche qui est à la portée de chacun, sans privilège pour quiconque, est la commune raison humaine… »

On voit bien que ce langage n'épouse pas le nôtre. Les classiques, pour Kant, sont les représentants de ce qui est élu comme le meilleur : le danger de leur prestige est qu'il fait disparaître la conscience de cette élection, de tout le gratuit qui est en elle, et enfin, par accoutumance, l'exigence du

---

1. *Réponse à Eberhard*, in *Kant's gesammelte Schriften* de l'Akademie Ausgabe (par abréviation Ak.), tome VIII, p. 219.

jugement. Pour nous, ils sont plutôt les meilleurs représentants d'une valeur connue avant eux, au nom de laquelle ils sont classés et peuvent toujours être jugés. Ils nous servent d'illustration, et plus encore d'abréviation, mais non pas de démonstration. Ils retiennent plus ou moins l'éclat de ce qu'ils incarnent; mais tels qu'ils sont donnés ils ne prennent pas la place du principe qui les définit. Du reste, c'est de principes que nous manquons le plus. Les maximes de la raison nous intéressent moins que son habileté; et son gouvernement moins que son artisanat, si même nous ne disons pas que l'histoire de ses œuvres est aussi bien sa propre histoire, avec diversité de voies et de niveaux. À chacun sa raison, cette fois, et ses classiques : « Il y a des œuvres, illustres ou non, qui, dans la triangulation du monde spirituel, sont à choisir de préférence aux autres, pour points de repère. Je possède depuis longtemps une brochure de cinquante pages qui traite d'un sujet technique, et dans laquelle ce qu'on nomme *rigueur, profondeur, vue originale* sont constamment présentes et admirables. Je compare mentalement à ce petit ouvrage, ce que je viens de lire ; ou, plus exactement, j'essaie de comparer ce qu'il suppose de force d'esprit et surtout d'*exigence de l'auteur à l'égard de son esprit*, à ce que suppose ce que je viens de lire dans celui qui l'a écrit[1]. » Les livres sont le dépôt d'une jurisprudence, mais la philosophie est une législation, et il n'y a pas d'archives qui tiennent devant la loi : qui interroge la raison n'a que faire d'un auteur classique.

La science instruit la raison ? Mais les *Rêves d'un Visionnaire* ne sont pas ce genre d'école. À ce travail de

---

1. Paul Valéry, *Choses tues*, dans *Tel Quel*, tome I, Paris, Gallimard, 1941, p. 26-27.

création, de restructuration des outils du connaître ils ne se rapportent que d'assez loin : ils le mentionnent, c'est un fait, quand ils montrent l'alternative entre deux sciences du vivant[1]. Mais ce n'est pas chez eux que l'on vient faire ses classes : on y puise seulement une meilleure volonté. Et c'est là justement qu'ils sont une réussite.

La propagande rationaliste souffre d'un paradoxe interne : en tant que propagande, elle s'adresse à l'instinct, aux mobiles permanents de la conduite humaine ; en tant que rationaliste, elle sert une raison aux stratagèmes variables, une ingéniosité fertile mais diverse. Bref, il lui faut fournir des raisons éternelles de croire à une raison qui, elle, ne l'est pas. De là ses deux limites : le manque d'intérêt si elle prend appui sur des vérités trop anciennes ; et si elle met en avant des problèmes trop actuels, la difficulté de convaincre. Comment satisfaire à la fois le besoin de sécurité et le désir d'amélioration ? Comment éviter à la fois la somnolence du trop connu et l'irritation de l'incertain ? Comment ne pas claironner les victoires des autres et ne pas penser par procuration ? La supériorité des *Rêves d'un Visionnaire* est de ne proposer ni poncifs ni promesses, ni ce qui est périmé, ni ce qui est anticipé, mais la présence d'un penseur, attentif à bien voir où il en est, et pourquoi. Kant y reste celui qui écrivait en 1758 : « Je souhaite que mes lecteurs puissent se mettre un instant dans la disposition d'esprit que Descartes considérait comme si nécessaire et indispensable pour obtenir des idées justes, et qui est celle où je me trouve en ce moment : celle qui consiste à oublier, pendant toute la durée de cette méditation, toutes les notions apprises, et à entrer spontanément dans la voie de la vérité sans

1. Ci-dessous, p. 83-84.

aucun autre guide que la simple saine raison[1]. » La possibilité
qu'un Swedenborg existe[2], puisqu'il s'agit de la concevoir,
doit être reconstruite depuis les commencements communs à
toute réflexion, afin que l'étalement de sa reconstitution désigne les facteurs qui la singularisent. Elle n'est pas l'inexplicable, devant quoi l'on s'indigne et l'on se scandalise, qui
« dépasse » l'entendement et le laisse désarmé. Elle est un
résultat, un aboutissement ; elle dépend d'une histoire qui n'a
rien de personnel, et que nous pouvons reproduire à partir
de ses conditions ; elle nous concerne tous en tant que nous
avons part au langage qui la fait naître. Pas un mot des *Rêves* ne
se rapporte à l'aventure particulière qui fut celle de Swedenborg, aux nostalgies qui lui restaient comme souvenirs de sa
puissance, aux misères et aux tentations de sa vieillesse solitaire[3] ; rien, non plus, à la Suède expulsée de l'Europe conti-
nentale, refoulée dans sa péninsule, et aux mauvais génies qui
prolongent sournoisement, dans la conscience d'un peuple,
l'effet de ses malheurs publics. Leur contenu s'en tient au
titre et lui correspond réellement ; le prologue conceptuel
réalise effectivement le projet d'une explication ; le visionnaire s'inscrit parmi les conséquences de la culture métaphysique, au terme d'un itinéraire que l'intelligence doit rétablir
pour en dénoncer les passages critiques ; Swedenborg est
amené comme une conséquence dont la criante énormité doit

1. Nouvelle conception du mouvement et du repos, Ak. II, p. 16.
2. C'est la question que pose Valéry dans sa préface pour le livre de Martin
Lamm sur *Swedenborg*, Paris, Stock, 1936.
3. Nous avons dû combler une partie de cette lacune ci-dessous, p. 199-
202.

réveiller les négligents[1] qui ne craignent pas assez de faire fausse route.

Ainsi chacun de nous, s'il venait à commettre les mêmes erreurs de parcours, deviendrait Swedenborg. Le lecteur qui compte sur la verve et les libertés d'une satire doit participer à l'effort d'une phénoménologie ; celui qui espère bien rire d'une caricature doit d'abord suivre le dessin d'une figure de l'esprit ; celui qui attend de sa lecture la bonne conscience et le repos dans les complaisances du bon sens devra, s'il la termine, prendre l'engagement de ne pas laisser son jardin en friche. Cet exemple donné, et cette recommandation du travail et de la modestie ne sont pas habituels aux écrivains de combat. Leur façon d'accorder l'éternel à l'actuel consiste ordinairement à user de chantage : entre le monstrueux et nous il faut choisir. Ils veulent apparaître comme la sauvegarde, le refuge des valeurs obscures, indéfinies, mais nécessaires ; comme les gardiens d'une condition sans laquelle il n'y a ni ordre ni santé. L'agressivité littéraire ne mène que des guerres défensives ; ceux qu'elle anime sont des champions, dévoués au salut d'un principe menacé. Une préface d'Albert Bayet commence par ces mots : « Ce livre est une réponse[2]... »

Les devoirs de l'intellectuel sont difficiles à accomplir. La passion d'avoir le dernier mot, et de neutraliser pour toujours l'adversaire, guette les volontaires des principes en péril. Inconsciemment persuadé que sa tâche est de faire valoir tout ce que Kant a écrit, secrètement gêné par le sujet des *Rêves* et peu apte à sentir le prix de leur méthode, Kuno Fischer les

---

1. En fait, ce sont des importants (au sens des notes 2 et 3, p. 154-155). Le passage que nous suivons ici est p. 77.

2. A. Bayet, *La morale laïque et ses adversaires*, Paris, Rieder et Cie, 1925.

justifie avec des formules de Hamann, d'une étonnante vivacité. Citons-les nous aussi, mais pour faire contraste[1] : « Pour parler de traduire Swedenborg, il faut n'avoir aucune idée de cette chose à part qu'est son style en latin : il a réellement une allure fantômale. Pareil à Kant, qui dans le temps s'est administré toutes les œuvres de son délire enthousiaste, je me suis fait violence pour passer en revue tout l'escadron de ses gros in-quarto, où loge une tautologie tellement écœurante de concepts et de choses, que c'est à peine si j'ai pu en extraire de quoi faire une rame. J'ai découvert à l'étranger un écrit de lui qui est plus ancien, le *De infinito*[2], qu'il avait rédigé dans le goût scolastique des wolffiens. Tout cela pour moi est un miracle, que je m'explique par une sorte d'épilepsie transcendentale, laquelle se résout en une bave critique. » Sans doute le « mage du Nord » serait-il plus modéré s'il n'avait pas à craindre d'être pris pour Swedenborg ou pour l'un de ses disciples. Il attaquerait moins s'il ne se défendait pas. De toute façon l'outrance qu'il met dans ses propos ne fait que mieux apprécier l'attitude discursive de son compatriote.

Un autre exemple ? En mars 1766, les *Annonces de Göttingen* rendent compte d'un livre d'Œtinger sur *la philosophie terrestre et céleste de Swedenborg et quelques autres*. L'auteur de l'article se désole d'évoquer les extravagances de l'illuminé suédois ; il se voit accroissant malgré lui leur renom,

1. Lettre de Hamann à Scheffner, de 1784, *in* Kuno Fischer. *Immanuel Kant und seine Lehre*, tome I, p. 275-276. Nul n'est tenu de croire Hamann. Voir Kant ci-dessous p. 62.

2. E. Swedenborg, *Prodromus philosophiae ratiocinantis de Infinito et causa finali Creationis, deque mechanismo operationis Animae et Corporis*, Dresde et Leipzig 1734. On en trouvera un compte rendu dans les *Nova Acta Eruditorum* de décembre 1735.

au lieu de les laisser se condamner d'elles-mêmes. Il rejette la faute sur ce prélat allemand, ce théologien luthérien, qui assume « l'entreprise laborieuse et funeste de répandre en sa langue des vésanies latines » et (« ce qui est le plus affligeant ») de les fonder sur la Bible. Il reproduit froidement les passages qui l'étonnent, en quoi il ne manque guère l'effet qu'il se propose, de surprise ou d'humour : on le suit volontiers dans cette rhapsodie, ou cette encyclopédie, des nuances et des formes diverses que peut prendre l'hostilité, éclairées ou couronnées par la page finale, en style de sermon vertueusement indigné : « C'est avec peine qu'il nous faut voir comment un maître luthérien ne se contente pas de réchauffer les élucubrations de Jakob Bœhme, si longtemps après leur réfutation ; mais encore qu'à dessein de nous les inculquer comme si elles étaient bibliques, il déforme ouvertement la sainte Écriture. Dans le fond de sa pensée nous ne pouvons rien trouver qu'un matérialisme, voilé dans un langage peu clair : Dieu y est transformé en une chose étendue, et tous les changements qui s'accomplissent dans l'âme y sont guidés par des principes mécaniques ; un pas de plus, et il nous faut tomber dans un spinozisme où Dieu devient cause immédiate de tous les changements dans les choses contingentes. Il y avait longtemps que nous n'avions pas lu de livre où soit exposée et comme rassemblée une telle somme d'insanités. Nous avons été franchement effrayés par la liste des écrits de ce prélat : que l'on ait imprimé trente-deux ouvrages, grands et petits, d'un théologien de cette espèce alchimiste et bœhmiste, ce qui prouve à coup sûr qu'ils ne manquent pas de lecteurs, quelle humiliation pour l'entendement humain, à l'époque qui est la nôtre ! » L'Église luthérienne, l'idée de Dieu, les lumières, tout cela est en danger à cause d'Œtinger et de Swedenborg, crypto-matérialistes et crypto-spinozistes, illuministes délirants, rétrogrades, conspirateurs contre leur siècle de progrès : l'hygiène intellectuelle et religieuse réclame qu'ils soient traités comme des poisons.

Et pourtant le pauvre Oetinger se juge, pour sa part, bien à plaindre. Sa foi est une longue passion dont chaque jour est le vendredi. Introducteur de Swedenborg en Allemagne, il verra son livre confisqué par l'autorité religieuse, et lui-même, sans cesse tracassé par le consistoire de Stuttgart, aura toutes les peines du monde à conserver sa prélature. Dira-t-on que c'est de sa faute, et qu'ayant pris les devants il acquitte les frais de son initiative ? Mais cette haine qui l'entoure ne s'est pas révélée du jour au lendemain. Elle est celle de toute une époque ennemie de la religion ; celle qui occupe le trône de Prusse en la personne de Frédéric II, et qui paralyse les philosophes quand vient pour eux le moment de prouver l'immortalité de l'âme : c'est elle qui a commencé, à elle qu'il faut répondre, comme Dieu l'a entrepris en suscitant Swedenborg. « Ce que j'apporte au lecteur[1] est un moyen précieux pour examiner ce que Dieu a voulu faire pour l'instruction de notre temps. Il est utile de comparer aux choses qui sont habituelles celles-là mêmes qui ne le sont pas. Mais en cela il est nécessaire de retenir son jugement jusqu'à l'heure où l'on voit l'ensemble. C'est par l'incroyance du monde que Dieu a été amené à prendre un philosophe célèbre pour faire de lui l'annonciateur des célestes révélations. Ce philosophe-là s'est rendu maître de son imagination par les mathématiques. Qu'on ne l'accuse donc pas de

---

1. F. Ch. Oetinger, *Swedenborgs und anderer irdische und himmlische Philosophie* (Francfort et Leipzig, sans date, mais en fait 1765), préface non paginée. La malchance d'Oetinger a voulu l'accabler dès la page de titre, où le quatrième mot est écrit irrdische (ce qui pourrait signifier « folle » au lieu de « terrestre »).

ne faire qu'imaginer… Qu'on ne dise pas : nous avons Moïse et les prophètes, il est donc permis de ne pas le lire. Un homme désireux de s'instruire a-t-il le droit de négliger l'ouverture de nouvelles fenêtres sur le vrai ? » Oetinger n'arrête pas de prévoir et de réfuter des objections. Et comment l'éviter, quand l'église luthérienne, qui est évangélique, lui conteste une doctrine puisée dans l'Écriture ? Peut-on lui faire cet affront, à lui l'ancien secrétaire de Bengel, gloire de l'exégèse néo-testamentaire ? Ne serait-ce pas que l'on attaque, à travers son humble personne, les *collegia philobiblica*, le principe même du piétisme ? Oetinger se défend d'innover : il maintient. « Si l'on veut me traiter de fantaste, il faut en accuser Spener[1]. » Et si l'on ne recule pas devant le nom de Spener ? Barbares, savez-vous que le livre d'Oetinger a été rédigé aux portes de la mort, et que l'égoïsme du siècle s'en détourne parce qu'il est (malgré le miracle constitué par l'heureuse survie de son auteur) un vrai message d'outre-tombe ?

Eh bien non, Kant ne le sait pas. Le Württemberg est loin de la Prusse orientale, et le compte rendu de Gœttingen ne paraîtra qu'après les *Rêves d'un visionnaire*. Il a eu la chance d'ignorer que son livre était une réponse.

§ 2. LES MAL MASQUÉS

Pourtant les incidents de 1766 font ressortir un trait commun, comme il s'en trouve tellement entre des combattants habitués les uns aux autres, alors qu'ici ce n'est pas le cas

---

1. Cité par Ernst Benz, *Swedenborg in Deutschland*, Francfort, V. Klostermann, 1947, p. 24.

et qu'on semble bien s'ignorer. Ce détail, cette constante, c'est une paraphasie qui ne porte que sur les noms propres. Une propension à les cacher, à les rectifier, puis à les écorcher, semble établir entre ces hommes un rapport personnel fâcheux, dangereux pour l'objectivité, une animosité qui risque de remplacer la belle ambition de voir juste par celle d'être désagréable.

Sur ce point, tout le monde, tous les observateurs (nous éviterons d'ajouter : les critiques impartiaux) sont d'accord pour accabler Kant : c'est lui qui a inauguré ce procédé de basse polémique. Il a jeté la pierre, dissimulé son bras. Il n'a pas signé sa brochure. Ne faut-il pas s'attendre à tout, de la part d'un auteur dont la première lâcheté est celle de l'anonymat ? Lui qui ne sait pas porter son nom, il déforme le nom d'autrui : misérable méchanceté. Sa victime si célèbre, il l'appelle Schwedenberg, et cela par dix fois : « aux pages 84, 85, 87, 88, 96, 97, 101, 103, 106, 107… Une fois Kant s'approche un peu plus de la forme qui est la véritable, p. 87 où il écrit Schwedenburg, mais cela paraît n'être qu'une faute d'impression. » Expertise sans pitié : la vérité chez Kant vient de l'erreur des typographes. Par ce décompte minutieux, le petit-fils de Mendelssohn[1] veille manifestement sur la mémoire de son aïeul dont la bonne foi peut bien avoir été surprise, mais dont l'honnêteté ne saurait avoir été complice. Mais le malheur veut que celui-ci, dans son compte rendu (glacial, en quinze lignes), a fait plus que d'être pris au jeu joué par Kant, puisqu'il commence, aux premiers mots, par commettre sa propre bévue : « Un certain Monsieur Schreden-berg, de Stockholm, qui a fait d'incroyables miracles en nos

---

1. Responsable de l'édition : *Gesammelte Schriften*, désormais citée Ak.

temps d'incrédulité, et écrit huit volumes in-quarto pleins de non-sens, qu'il intitule *Arcana cœlestia*, est le visionnaire dont Kant tâche d'expliquer les rêveries par des hypothèses métaphysiques, qu'il appelle lui-même des rêves… [1] »

Lit-on, dans le camp d'Oetinger, l'*Allgemeine deutsche Bibliothek*, entreprise rationaliste dirigée par Nicolaï ? Le volume qui contient ces lignes de Mendelssohn a dû paraître au cours du deuxième trimestre de 1767 : qu'ils le connaissent ou non, les piétistes de la Souabe ne citent pas le nom de Kant. Et cependant ils ont de quoi le maudire, son anonymat ayant eu cette conséquence diabolique, d'une cruauté inouïe, que l'on cherche *de leur côté* celui que l'on soupçonne d'avoir écrit les *Rêves* ! A-t-on subodoré une ruse publicitaire ? Peut-être s'est-on dit que pour lire Swedenborg il fallait, dans l'esprit, des malfaçons spéciales dont les symptômes n'étaient que là ? Comme la censure coupable d'avoir laissé passer *La philosophie terrestre et céleste* était celle de Tübingen, c'est plus précisément Heinrich Wilhelm Clemm, parce qu'il est ami d'Oetinger et professeur de théologie à l'Université, que l'on charge des deux méfaits : la complaisance pour ce livre, et la rédaction de cette brochure [2]. Il se récrie et il proteste qu'on fait injure à sa personne, à son amour de la vérité, à son mépris de l'anonymat ; qu'on défigure sa pensée par ce contresens inqualifiable, qui le blesse profondément dans l'idée qu'il avait de sa réputation : si l'on peut se tromper à ce point sur son style, c'est

---

1. *Allgemeine deutsche Bibliothek*, F. Nicolai (hrsg.), Band IV, Stück 2 (1767), p. 281. Pour dater cette livraison nous nous sommes servi d'une nécrologie parue au tome V, 1, p. 310.

2. Ce détail (pour nous savoureux) est donné par Ernst Benz, *Swedenborg in Deutschland*, *op. cit.*, p. 254. Sur l'identité du censeur, même ouvrage, p. 48 et p. 52.

donc qu'on ne lit pas ses ouvrages! Cette offense reçue en qualité d'homme public exige une réparation qui soit également publique : il l'insère dans le prochain volume de son *Introduction complète à la religion et à la théologie générale.* Mais là n'est pas la vraie riposte : le ton académique ne s'y prête pas du tout. Celle-ci viendra vingt ans plus tard, sous une plume anonyme, de quelqu'un qui sait mordre, et qui ne pardonne pas l'ignorance affectée, l'humour indifférent exercé aux dépens d'« un certain Monsieur Schwedenberg, domicilié à Stockholm » : « C'est tout à fait comme si, actuellement à Stockholm, quelqu'un venait à écrire : il est à Kœnigsberg un certain Monsieur Cont[1], vivant de son enseignement de la philosophie. » Les noms propres sont vulnérables...

Le coup est adroit, bien rendu. Un peu tardif ? Certainement, mais cette rétorsion, cette simulation-là, n'auraient pas eu d'effet avant que soit venue pour Kant l'heure de la célébrité. En ce sens, elles sont un aveu. Devons-nous dire que la phrase de Kant si difficile à digérer était déjà le même aveu, la même reconnaissance de la gloire de Swedenborg ? C'est là qu'est toute la différence. En mars 1766 le journaliste de Gœttingen que nous avons cité plus haut s'étonne qu'un théologien aussi renommé qu'Œtinger se sacrifie pour cet auteur aussi inconnu qu'illisible, dont nul libraire allemand ne détient les ouvrages et ne se risquerait à les faire venir, tellement leur prix est élevé et leur mévente inévitable : à cette date par conséquent Swedenborg ne représente rien. Il n'a pas de nom, pas même sur la page de titre des *Arcana cœlestia*[2] : avis à ses admirateurs. Kant ne peut que tâtonner pour démêler le vrai

1. *Ibid.*, p. 339.
2. *Ibid.*, p. 10.

dans une tradition orale : or il y est question de Suède, d'où la première partie *Schweden* ; quant à l'autre, *berg* était une terminaison beaucoup plus commune que *borg* : et même c'était celle du vrai nom de Swedenborg, du nom que son père Jesper Svedberg, évêque de Skara, avait porté jusqu'à sa mort, lui-même l'ayant échangé, pour une forme réputée plus aristocratique, en s'élevant à l'ordre équestre [1]. La reconstitution n'est donc pas si mauvaise. Plus tard assurément elle ne sera plus nécessaire. Les *Rêves d'un Visionnaire* y seront pour quelque chose dans l'Allemagne du Nord ; et, dans l'Allemagne du Sud-Ouest, les remous consécutifs à la *Philosophie terrestre et céleste* d'Œtinger. Et même il est probable que ce ne fut pas suffisant. Car en 1843 les éditeurs de Mendelssohn ajoutent à sa notice de 1767 cette phrase révélatrice : « Que le nom correct de cet homme remarquable ait été Swedenborg, tout le monde le sait maintenant. » *Jetzt*, sans doute, mais depuis quand [2] ?

Un contrôle des dates, qui cette fois donnera une réponse plus précise, établit les limites de l'anonymat de Kant, la question voisine : *jusqu'à quand* voulant dire : *pour qui* et : *pour quelle raison*. Dans le quatrième volume de son traité de dogmatique, en 1767, Heinrich Wilhelm Clemm s'inclinait et devant le secret et devant l'écrivain : « En ce qui concerne

---

1. *Emmanuel de Swedenborg, sa vie, ses écrits et sa doctrine*, par M. Matter, Paris, Didier et Cie, 1863, p. 19-20 : « la reine Ulrique-Éléonore.... lui conféra des lettres de noblesse, avec le nom plus aristocratique de Swedenborg, que portait d'ailleurs *la partie la plus fortunée* de cette famille ». Au sujet de ces mots que nous avons soulignés, et de la fonction de l'argent dans le mythe de Swedenborg, voir notre note 4, p. 199-202.

2. En 1799, J. H. Tieftrunk avait mis l'orthographe Schwedenborg dans sa réédition des *Rêves*.

l'auteur des *Rêves*, si je mets de côté le sarcasme excessif de ses pensées et de ses expressions, dont il aurait pu se dispenser, qui que ce soit, ce n'est pas un sot[1]. » Mais, vers le même moment, Mendelssohn annonçait, crûment, et dès le titre de son communiqué : « I. Kant, Rêves d'un visionnaire expliqués par des rêves métaphysiques, Königsberg, Kanter éditeur, 1766, 8 feuilles in-8°. » Or ni l'édition de Kanter (qui était effectivement dans les mains de Mendelssohn), ni les deux éditions suivantes chez Hartknoch ne comportaient le nom de Kant. Et pourtant il n'y a eu de la part de Mendelssohn (comme on peut d'ailleurs s'en douter) aucun prodige divinatoire, ni aucune indélicatesse, et même aucune indiscrétion. D'une part, ayant été informé de bonne heure, il n'a rien eu à découvrir ; pour faire l'économie de quelques frais de port, Kant lui a demandé son aide par une lettre du 7 février 1766, et cela, d'autre part, sur un ton qui vraiment n'est pas celui du mystère : « Je vous ai envoyé par la malle-poste une sorte de *Rêverie* ; et quand vous aurez eu la bonté d'en garder un exemplaire pour vous-même, je vous prie d'avoir l'obligeance de faire que les autres soient remis à Messieurs : Sack, prédicateur de la cour ; Spalding, conseiller principal du consistoire ; Süsmilch, pasteur doyen ; et à Messieurs les professeurs Lambert, Sulzer, Formey[2] ». Cela fait d'un coup sept personnes qui seraient mises dans la confidence. Et n'oublions pas, à Kœnigsberg, le Sénat de l'Université, sollicité le 31 janvier 1766 d'autoriser la diffusion d'un texte qu'on lui remet déjà tout imprimé[3] ; ce dernier détail est important : il veut dire

1. Cité par Benz, *Swedenborg in Deutschland, op. cit.*, p. 338.
2. Ak. X, p. 65.
3. Ak. II, p. 500.

qu'on a différé le moment de s'adresser à lui, ce que l'on devait faire avant de commencer l'impression ; et donc : que le secret *avait* une valeur, mais qu'*il est en train de la perdre*. Aussi n'y a-t-il pas lieu d'en vouloir à Lambert quand, le 7 avril de la même année [1], il annonce à Holland qu'il a un petit traité dont il indique le titre et le nom de l'auteur, naturellement et *in extenso*, comme si l'on pouvait lire sur la première page l'un à la suite de l'autre. Depuis le 5 mars, il y a mieux : car ce jour-là, pour faire appel d'une amende de 10 Reichsthaler infligée par le Sénat de l'Université, les éditeurs Kanter exposent au ministère d'État qu'ils ont été contraints de présenter à la censure leur brochure imprimée, et non « le manuscrit du Magister Kant » parce que celui-ci était d'une écriture indéchiffrable [2].

N'accusons pas leur négligence, leur légèreté, leur avarice. Il est peu concevable qu'on trahisse pour faire annuler un jugement, à quoi l'on n'est d'ailleurs pas certain d'aboutir, et surtout pour une pareille somme. Il n'y a pas de trahison, parce qu'il n'y a pas de secret. N'importe quel lecteur curieux percerait vite la devinette. La série d'opuscules que Kant a entamée en 1762 est remplie d'allusions mutuelles, entre-croisées, qui traduisent au dehors son unité interne. Les *Rêves d'un Visionnaire* y appartiennent aussi. Comment n'être pas frappé par la coïncidence des thèmes et des expressions ? Ce sont les mêmes « châteaux en l'air », le même nombre apo-calyptique, que dans la *Fausse subtilité des quatre figures syllogistiques* [3] : et ces symboles des chimères poursuivies par

---

1. Ak. XIII, p. 34.
2. Ak. II, p. 500.
3. Ak. II, p. 57 ; ci-dessous, p. 99 et 128.

l'esprit humain motivent par l'absurde, dans l'une et l'autre brochure, la même volonté d'alléger la recherche pour la rendre efficace et la centrer sur l'utile, selon le désir encore rappelé dans le *Programme des cours du semestre d'hiver 1765-1766*. Même approfondissement, en guise de conclusion, du problème de la causalité, déjà soulevé en conclusion de l'*Essai pour introduire dans la philosophie le concept de grandeur négative*. Même souci de revenir sur les concepts de présence immédiate, de notion subreptice, d'espace rempli ou occupé, que dans le mémoire rédigé pour l'Académie de Berlin et publié depuis 1764. Même importance donnée, enfin, au sentiment en tant que conscience morale. Kant pourrait dire à ceux qui ne l'identifient pas la même chose que Clemm à ceux qui le soupçonnent : « On ne lit donc pas mes livres » pour ne pas voir que c'est moi ?

Ainsi l'anonymat n'est pas pour les lecteurs. Ni pour les pairs, comme on l'a vu. Pour qui ce masque insuffisant ? Pour les étudiants ? Afin que l'auteur des *Rêves* ne se sente pas gêné de reparaître devant eux après s'être rendu coupable de propos rabelaisiens ou élisabéthains ? Mais on peut tout autant présumer leur faveur pour ce style sans hypocrisie : les grands chahuts de Kœnigsberg ne paraissent pas avoir voulu châtier le libertinage, mais l'autoritarisme et la bigoterie [1]. Et de plus, deux détails que nous avons notés ne s'expliquent pas dans cette hypothèse : la censure universitaire prévenue à retardement, et l'oubli de toute précaution dans la requête des éditeurs au ministère d'État prussien. C'est essentiellement une question de temps : l'anonymat est provisoire ; Kant sait

---

1. En la personne de Franz-Albert Schultz : *Allgemeine deutsche Bibliothek*, Band 2, Stück 1, p. 28.

qu'il doit s'attendre aux cris de protestation que pousseront les philosophes, mais aussi les médecins et les théologiens ; pour l'instant il n'a pas besoin d'avoir tout ce monde contre lui.

En ce début d'hiver 1765-1766 sa situation n'est pas brillante. Dix ans, exactement, depuis son premier cours, il n'est toujours pas titulaire : il n'a pas succédé à son maître Knutzen en 1756 ; en 1764 on lui a joué le tour de le pressentir pour la chaire de poésie et d'éloquence, et qui sait si l'on ne songe pas à lui faire payer quelque jour son refus ? Après tout, s'il se plaint, on pourra lui répondre : si vous n'êtes pas professeur, c'est bien vous qui l'avez voulu. En tout cas il ne perçoit et n'a jamais perçu aucune espèce de traitement. Vit-il de ses droits d'auteur ? Amère plaisanterie ! « Les premiers honoraires que l'on puisse prouver sont ceux que lui vaudra sa *Critique de la raison pure* »[1] : quinze ans plus tard. La seule activité un peu rémunérée était la rédaction d'articles de revues, ou de comptes rendus d'ouvrages : peut-être alors son petit *Essai sur les maladies de la tête* lui a-t-il rapporté quelque chose ; pour tout le reste, c'est gratuitement qu'il a donné depuis 1762 tant de manuscrits à la maison Kanter. On a dit du bien de lui quelquefois à Berlin. Mais la seule estime qui le nourrisse est celle des étudiants qui fréquentent ses cours et qui veulent bien verser à leur Privat-dozent les indemnités qu'ils lui doivent. Or, les uns sont mauvais payeurs ; d'autres sont indigents ; et d'autres encore sont les protégés d'un collègue[2]. Le résultat : un seul habit, tellement fatigué qu'un groupe d'amis aisés « jugèrent indispensable de lui faire

---

1. K. Vorlander, *Immanuel Kant, der Mann und das Werk*, 2 vol., Leipzig, 1924, tome II, p. 81.

2. La première lettre de Mendelssohn fut pour lui recommander un jeune étudiant (Ak. X, p. 65) désireux d'assister gratuitement aux cours.

parvenir d'une manière très discrète l'argent d'un vêtement neuf». Kant se félicitait, selon ce que raconte son biographe Jachmann, «d'avoir eu assez de force de caractère pour décliner cette offre et préférer la gêne d'un vêtement usé mais propre à l'oppression pesante d'avoir un créancier ou de dépendre de quelqu'un»[1]. Le 18 janvier 1766 une compatriote lui écrit de Berlin, sur le ton de la gronderie tendre, qu'il lui doit des excuses pour lui avoir refusé l'espoir de faire en sa compagnie le voyage de retour à Kœnigsberg, en ajoutant: «Pourquoi faut-il que je n'aie pas le pouvoir de récompenser vos mérites (qu'aucune recommandation ne saurait accroître à mes yeux) et par là de vous libérer de tous vos engagements pénibles!» Cette lettre équivoque[2], d'une femme de vingt-six ans, mariée depuis trop longtemps à un homme trop vieux pour elle, et qu'elle quittera bientôt, tentera peut-être un biographe pour une version stendhalienne: pas d'argent pour l'accompagner... Ce ne sera guère kantien; ce sera plus «vivant». Toutefois, si les désirs de Mme Jacobi ne sont pas tout à fait ceux de son correspondant, elle voit clairement sa situation, dominée par les servitudes qui le retiennent en permanence sur le lieu de son travail. Le métier de Kant est un commerce, qui l'empêche de fermer boutique.

On en comprendra mieux sa hantise d'un revenu fixe, par quoi se traduit chez l'artisan la conscience obsédante de sa

1. R. B. Jachmann, *Immanuel Kant, geschildert in Briefen an einen Freund, siebenter Brief*, Königsberg, Friedrich Ricolovius, 1804, page 149 du recueil de la deutsche Bibliothek.

2. Ak. X, p. 53-55. Maria Charlotta Schwinck, née en 1739 avait été mariée avant l'âge de 13 ans à un homme qui en avait 35. Elle s'en sépara en septembre 1768, et Kant fut à cette occasion injustement calomnié (Vorlander, tome I, p. 136).

précarité. Or voici : depuis le 1ᵉʳ octobre 1765[1], cette possibilité d'appointements réguliers (encore qu'ils soient des plus modiques) s'identifie avec la charge de sous-bibliothécaire au château royal de Kœnigsberg. Le titulaire (un vieux juriste) demande à prendre sa retraite. Un obstacle : il a désigné l'adjoint qu'il a formé en vue de ce poste, et qu'il souhaiterait pour successeur. Une chance pourtant : il s'agit d'un Magister, et Kant pourrait, sous ce rapport, présenter une candidature qui ferait valoir un titre égal. Bien plus, deux semaines plus tard, un autre postulant se déclare, et lui aussi est Magister. Dans cette catégorie Kant doit venir en tête, car en 1764 (à la suite de son refus de la chaire de poésie, et en guise de consolation) un rescrit de Berlin a « mandé gracieusement » au Sénat académique de l'Université albertine « de faire avancer, à la première occasion, le très savant Magister Kant, dont l'enseignement est apprécié de tous ». Il recopie ces bonnes paroles[2] pour une première démarche en direction de Frédéric II (c'est-à-dire de son ministre von Münchhausen), renforcée d'une seconde auprès de l'Oberkurator des universités prussiennes : celui-ci lui répond aussitôt de Berlin[3] que l'affaire n'est pas de son ressort, mais qu'il interviendra très favorablement au ministère intéressé. Est-ce le moment de se faire connaître par un opuscule irritant ? Il faut surtout retarder le dévoilement des *Rêves* (c'est-à-dire celui de leur auteur) mais non, dans l'esprit de l'éditeur, la publication elle-même : de là cette sorte de ruse, utilisée envers la censure, à laquelle on présente le texte à la

---

1. Le meilleur récit est dans K. Vorlander, *Immanuel Kants Leben*, Leipzig, Felix Meiner, 1911, p. 79 à p. 81.

2. Ak. X, p. 47. Les deux démarches, respectivement des 24 et 29 octobre 1765.

3. Le 4 novembre 1765 : *ibidem*, p. 48.

veille de la mise en vente. Pourvu que les décisions soient rapidement prises ! Elles seront favorables à Kant, on lui en a fait la promesse ; mais l'administration a sa durée à elle, et ses lenteurs parfois terribles… Le 15 décembre, Münchhausen prie que l'on veuille bien « se conformer aux assurances déjà données au Magister Kant, et lui donner la préférence ». Seulement (est-ce par dépit ?) le titulaire du poste ne le laisse plus vacant, et sans doute Kœnigsberg l'annonce-t-il à Berlin dans le courant de janvier. Mais ce sera le dernier mot de l'université locale, qui se gardera de compliquer par un papier nouveau le dossier exaspérant de cette question ridicule. Au diable maintenant l'excès de précautions ! Berlin, où l'impatience l'emporte également, tranche le 14 février : Kant fera le travail aussitôt que l'on pourra l'installer dans ce poste, et son prédécesseur gardera le traitement jusqu'au dimanche de la Trinité. En fait de cynisme et d'humour noir, ce partage à la Salomon a quelque chose d'inimitable. Les administrateurs, qui sont nos maîtres à tous, savent remettre à leur place les écrivains qui ont le tort de se croire dangereux. Le côté positif, toutefois, de leur exemple, c'est que le Magister devenu sous-bibliothécaire, aux services duquel le ministère rend hommage (globalement et vaguement) pourra profiter sans scrupules des avantages en nature associés à sa profession, et de ses quinze thaler par trimestre, en attendant le jour où, enfin professeur, il demandera son congé. Tout cela il l'a payé d'avance : aux autorités de tout ordre, en protestations de respect ; au coriace Goraisky, en prestations proches du servage.

§ 3. CHERCHEZ LE SURMOI

Si les miracles étaient le contenu premier de la philosophie religieuse, celle-ci ferait très vite et grâce à Swedenborg d'immenses progrès parmi les lecteurs, qu'ils soient mondains, critiques, ou seulement croyants. Mais le vrai miracle est, selon Kant, cette philosophie elle-même, dont l'itinéraire savant mène la raison jusqu'au point où on ne l'aurait jamais attendue, puisqu'il rejoint *a priori* des mystères qui ne sont connus que par expérience et par témoignage. Deux méthodes qui se tournent le dos peuvent-elles jamais se rencontrer ? Cette coïncidence n'a lieu que dans les romans baroques, où la fuite de l'héroïne vers des pays lointains prépare le hasard où elle retrouve son amant : « Et fugit ad salices, et se cupit ante videri[1]. » Mais pourquoi donc Kant cite-t-il le second vers seulement d'une paire célèbre ? Ce vers décrit avec humour, c'est visible, l'erreur des autres. Mais Virgile d'abord fait dire à Damétas, de la folâtre Galatée qui aimerait tant être aperçue avant de se cacher sous les saules, qu'elle a lancé une pomme pour réveiller le poète. N'est-ce pas, cette fois-ci, le geste propre à Kant ? Son soi-disant anonymat n'en est pas un pour ceux qui se tiennent au courant de ce qu'il écrit depuis 1762, ou qui « suivent » depuis cette date les publications de la maison Kanter. De même que Galatée provoque ce berger dont les désirs s'endorment, dont la distraction l'impatiente, qui semblait la choisir et qu'elle choisit maintenant par la pomme à lui adressée, de même Kant provoque un lecteur, qui devrait l'avoir reconnu, et à qui il s'adresse dans chacun de ses messages. Mais ce lecteur, qui est-ce ? Ce juge redouté, ce juge

---

1. Ci-dessous, p. 127.

seul voulu, cet insaisissable sujet, ce fantôme projeté vers le foyer commun de sentiments contradictoires, est-ce encore quelqu'un ?

Si l'on se fiait à cette forme brutalement positive de la psychanalyse qui justifie le fait accompli, on dirait que l'échec enregistré par Kant du côté de Mendelssohn était prémédité comme le but de sa vie. Premièrement en effet il le tient pour un maître : « C'est à des génies comme vous qu'il appartient, Monsieur, de créer une ère nouvelle dans cette science (la métaphysique), d'en renouveler totalement les règles, et de tracer magistralement le plan de cette discipline bâtie jusqu'à présent de façon tout arbitraire [1]. » Et deuxièmement il est sensible à ses réactions affectives, ou à son jugement moral : « La surprise que vous manifestez sur le ton de cette brochure m'est une preuve de la bonne opinion que vous avez de ma sincérité ; plus encore, votre mécontentement de ne voir s'y exprimer que d'une manière ambiguë ce caractère qui est le mien, m'est précieux et agréable. » Il s'expliquera donc sur cette ambiguïté : il avait à parler, et n'avait pas le loisir de peser tous ses mots ; conscient d'avoir été naïf il prenait les devants en se moquant de lui-même. Et pour conclure il évoquera l'abandon des thèses dogmatiques au profit de quelques inquiétudes : qu'est-ce que la présence de l'âme au monde, ou bien de l'âme à d'autres âmes ? Peut-on élucider le rapport de l'âme au corps, de l'intérieur à l'extérieur, par des analogies tirées de la science physique, ou par des fictions rationnelles ? La naissance (conçue dans le sens métaphysique) la vie et la mort sont-elles des choses que nous puissions espérer pénétrer jamais par la raison ? Il est clair que Mendelssohn n'intimide

1. Ak. X, p. 67. Lettre du 8 avril 1766.

pas Kant : ses reproches (qui ne sont peut-être qu'une habileté de journaliste pour amener l'interlocuteur à se découvrir plus franchement) sont accueillis de sang-froid comme des compliments ; aucune concession n'est faite au dogmatisme sur les pouvoirs de la raison. S'il y a eu questionnaire, pour un article en vue, Kant s'y est prêté courtoisement ; il a joué le jeu, et suffisamment bien pour affirmer sa position.

C'est sans doute au début de 1766 que Mendelssohn a fait les premiers pas vers Kant, pour lui proposer d'établir et de maintenir entre eux un échange de lettres [1]. Et c'est en réponse à cette offre que Kant lui a fait parvenir les exemplaires des *Rêves* qu'il le priait de distribuer. Mendelssohn n'est donc pas *le* juge par excellence, ou exclusif, mais *un* juge parmi une pléiade, et peut-être plus simplement un crieur public littéraire. Kant ne l'a pas cherché, ni n'a cherché son blâme. Enfin leurs rapports sont récents, or c'est depuis toujours que les ouvrages de Kant portent la marque d'une certaine conscience d'atteindre et de vexer quelqu'un (et d'une crainte, proportionnelle, d'être inquiété à cause d'eux). On a souvent cité le § VII de la préface des *Pensées sur la véritable estimation des forces vives* : « Voilà mon espérance. J'ai maintenant préparé la voie que je veux suivre. Je vais me mettre en route, et il n'est rien qui doive m'empêcher de continuer. » Audace verbale qui fait sourire, quand nous songeons à la médiocrité de ce livre : en cela justement qu'elle est vide d'objet, elle est révélatrice d'une tendance personnelle, et annonciatrice d'une constante. Car les premières lignes de la *Théorie du ciel* affichent le même symptôme : « Le sujet que j'ai choisi est propre à

---

1. Cela ressort de la réponse de Kant, en date du 7 février 1766, Ak. X, p. 64-65.

inspirer un préjugé défavorable à une grande partie des lecteurs : d'entrée de jeu il les rebutera par sa difficulté interne, autant qu'il froissera les sentiments religieux… Du côté de la religion il y a la menace d'une accusation solennelle portée sur la témérité qui attribue à la seule nature des conséquences qui témoignent d'une action immédiate de Dieu, et sur les avantages que l'athée peut attendre de ces indiscrètes considérations. » Même attitude (mélange de défi et de souci) dans l'épilogue de la *Nova dilucidatio* : « Il est des gens qui font une chasse acharnée aux affreux corollaires qui peuvent être ceux d'un livre, et qui s'entendent à extraire des opinions d'autrui toujours quelque poison. Que dans le nôtre ils puissent détourner de leur sens et corrompre quelques passages, je ne le conteste pas ; j'accepte cependant qu'ils en prennent à leur aise, persuadé quant à moi que je n'ai pas à me soucier des jugements erronés qui peuvent plaire à quelqu'un. » S'il ne s'en souciait pas, il en parlerait moins : il s'exhorte en paroles à ne pas s'inquiéter de certaines réactions qui le touchent réellement, parce qu'elles s'accomplissent dans une partie de lui-même. Ce qu'elles ont selon lui de prévisible et de fatal, et pour lui plus intimement de lancinant et d'obsédant, ces prétéritions répétées nous l'attestent.

La même ambivalence existe dans sa carrière. Voulait-il, ou non, devenir professeur à la Faculté de Kœnigsberg ? Il y est resté quinze ans dans un poste subalterne, ce qui est une belle preuve d'attachement. Oui, mais d'abord il s'en est tenu à distance respectueuse (ou hostile, comme on voudra). Pendant combien de temps ? Donnons-en une idée. Étudiant à seize ans, Kant ne fut Magister qu'à trente et un ans, et titulaire qu'à quarante-six. Dans l'Université allemande de son époque, c'est là un temps de parcours anormalement long : Crusius était titulaire à trente-cinq ans, Meier à trente, Walch à vingt-sept.

Certes Walch est un protégé : Franz Buddeus[1] est son grand-père ; de plus, tous ces exemples sont pris hors de Kœnigsberg, où le budget était réduit au tiers de celui de Halle, sans être jamais augmenté de tout le règne de Frédéric II. Tenons-nous en à cette ville : Arnoldt fut titulaire à moins de vingt-huit ans ; Langhansen[2] à trente-quatre : encore faut-il noter qu'à l'âge de vingt-six ans il avait qualité d'*extraordinarius*. Assurément il est loisible d'objecter que les nominations dépendent de circonstances fortuites. Considérons donc uniquement l'accession au grade de Magister : Lilienthal (pasteur de Kneiphof, qui maria les parents de Kant) avait ce titre à vingt-cinq ans, tout en ayant perdu six ans à voyager ; Gottsched, enfant prodige, l'obtient à dix-sept ans, mais d'une manière générale c'est aux environs de vingt ans que se réglait cette formalité. *Grosso modo* Kant s'est infligé à lui-même dix ans de retard. Par excès de modestie ? Il se peut également qu'il ait envisagé une autre carrière : par exemple, d'entrer directement à l'Académie de Berlin. Cela expliquerait son intérêt pour les sujets mis au concours, les articles où il prenait le ton non d'un

1. Fondateur d'une dynastie remarquable : né en 1667, pouvait en 1695 se permettre d'abandonner sa première chaire pour une autre ; son gendre J.G. Walch, né en 1693, Magister en 1713, extraordinarius en 1718 (à Iena, comme son beau-père) ; son petit-fils, Christian Walch, né le 25 décembre 1726, Magister à Iena en 1745 (donc à moins de dix-neuf ans), ordinarius à Goettingen en 1753 : de deux ans plus jeune que Kant, titulaire dix-sept ans plus tôt !

2. Professeur de mathématiques et de théologie (comme G.D. Kypke l'était de philosophie et de langues orientales), il meurt le 15 mars 1770. Pour trouver une chaire de philosophie à Kant, il fallut reprendre à Buck celle qu'on lui avait remise à la mort de J.D. Kypke (père du précédent, professeur de Logique et de Métaphysique). Pour occuper ce poste, il lui fallut soutenir une troisième thèse (les deux premières ayant été la *Nova dilucidatio* et la *Monadologie physique*) : c'est à cela que nous devons la *Dissertation* de 1770.

concurrent mais d'un juge, son goût pour les questions
scientifiques ouvertes qu'il avait une chance de résoudre le
premier, et enfin la dédicace au roi Frédéric II de l'anonyme
Théorie du Ciel. S'il commence par éviter la faculté de
Kœnigsberg, ce peut être tout aussi bien par un excès de
présomption que par humilité vicieuse : effacé dans sa propre
ville, pourquoi semble-t-il moins timide quand il s'adresse à
l'extérieur ?

Si jamais Kant s'est cru inférieur à quelqu'un au point de se
sentir indigne en sa présence ; s'il a pu l'estimer au point
d'avoir besoin de s'identifier à lui pour se grandir lui-même ;
s'il a pu se voir jugé par lui, et juge à condition de se confondre
avec lui ; s'il a pu se croire anéanti en comparaison avec lui, et
incomparable au moment où il osait prendre sa place, le nom
qui vient aux lèvres est celui de Franz-Albert Schultz. Il fut
pour lui l'image du père, porteuse de contrainte et de sévérité,
d'autant plus efficace, d'autant plus impérieuse, qu'elle s'était
imposée aux dépens du vrai père, trop discret pour soutenir la
lutte. « F.-A. Schultz, dit un historien, était un visiteur que l'on
voyait souvent dans la maison des parents de Kant[1]. » On ne
s'étonnera donc pas du débat entre Kant et les aspects de ce
surmoi : dans les *Pensées* sur les forces vives la résistance
rencontrée est celle d'un wolffien sourcilleux ; dans la *Théorie
du Ciel*, d'un anti-newtonien ; dans la *Nova dilucidatio*, celle
d'un théologien ferme sur l'orthodoxie, à l'affût des déviations
doctrinales d'orientation panthéiste. En 1762 il éprouve la
même crainte d'une lecture inquisitoriale : « Envers ceux qui
ne souhaitent que le semblant d'un prétexte pour lancer contre

1. Götz von Selle, *Geschichte der Albertus-Universität zu Königsberg in
Preussen*, Königsberg, Librairie Kanter, 1944, p. 158.

un livre l'amer reproche d'hérésie, je ne suis pas certain de m'être expliqué partout avec assez de détails pour leur en enlever l'occasion : mais aussi quelles sont les précautions qui pourraient les en empêcher ? Tout ce que j'ose espérer c'est d'avoir parlé assez clair pour ceux qui dans un livre ne veulent rien trouver que l'auteur n'ait voulu y mettre[1]. » Nous n'exagérons pas en parlant d'inquisition. En 1758, après la mort de Kypke, professeur de Logique et de Métaphysique, Kant pose sa candidature ; et Schultz, alors recteur, l'ayant fait appeler, l'accueille par ces mots « solennels » : « Craignez-vous Dieu du fond du cœur ? » Ce n'était, paraît-il, que pour lui demander le secret sur cette entrevue ; mais cette version, qu'elle soit de Kant ou de Borowski, n'atténue pas le despo-tisme de celui qui savait commander sous cette forme interro-gative : car il lui interdisait, sous la foi du serment, de jamais se prévaloir de ce qu'il allait lui dire, des encouragements qu'il allait lui donner, des promesses qu'il pourrait lui faire ; ce qui le mettrait à l'aise pour ne pas les tenir. Par cette « torture spirituelle », Schultz avait fasciné et paralysé Kant, lequel se crut soutenu par lui, et ne sut jamais que le Sénat avait recommandé à l'autorité russe (car cela se passait en temps d'occupation) le nom de Buck, et non le sien[2]. Dupé par les piétistes, s'imaginant à tort qu'ils l'avaient intégré dans leur système de cooptation, il prendra longtemps leur défense…

1. Unique fondement possible d'une preuve de l'existence de Dieu, Avant-propos, Ak. II, p. 67.

2. Vorlander l'a dit dans son livre de 1911 (p. 77) et ne l'a pas répété en 1924. Il citait pourtant une pièce officielle. Quant à l'ignorance de Kant sur les causes de son éviction précédente, on peut toujours la lire dans sa lettre datée du 16 mars 1770 (lendemain de la mort de Langhansen !).

Arrive-t-il à Kant de se distraire, de prendre des loisirs, de clamer joyeusement les découvertes qu'il fait, ou comme dans les *Rêves* de libérer sa verve, toutes ces conduites (qui ruinent la fable de son caractère «flegmatique») ne signifient guère qu'une chose : il est en rupture de surmoi comme les forçats peuvent être en rupture de ban. Deux fois au moins dans ses écrits[1] Kant a fait allusion au mur sacré de Rome, qui n'était encore qu'un sillon quand Rémus osa l'enjamber ; et une fois il l'identifie à la barrière du wolffisme. Hors de moi point de salut : la double orthodoxie, religieuse et wolffienne, c'était Schultz qui la représentait, et Kant ne se voit pas autrement qu'en Rémus. Ne nous étonnons pas si aucun historien ne certifie la mort de Schultz : mai 1763 selon Benno Erdmann, 1763 sans plus de précision dans l'*Allgemeine deutsche Biographie* ; 1763, répète Götz von Selle ; la grande édition de Kant imprime cependant 1762. Flottements salutaires et significatifs : les fondateurs ne meurent pas ; un jour vient seulement où ils n'ont plus à encombrer l'espace, à user de leur chair opaque pour manifester leur présence. Ils disparaissent, comme Romulus, ou apparaissent comme les esprits que Swedenborg faisait parler. Leur continuité est immatérielle.

Pour faire comprendre, dans les *Rêves*, l'effort d'un philosophe toujours se libérant et jamais libéré, se cherchant des ennemis faute de se résigner au silence définitif d'un maître jadis exigeant, il faut compléter le portrait de ce personnage redoutable. Sa légende bénéficie d'un avantage peu banal : ce n'est pas de lui qu'on fait l'histoire, qu'on ne lui

---

1. Dans la *Théorie nouvelle du mouvement et du repos* (Ak. II, p. 15) et dans le *Conflit des facultés* (trad. Gibelin, p. 22).

fasse donc aucune difficulté ; qu'on lui sache gré de meubler la biographie d'Emmanuel Kant. Aussi Victor Delbos répète-t-il sans scrupules une tirade admirative[1] recopiée par Benno Erdmann dans le texte d'un certain Trescho. Mais Trescho est un homme d'église : alors vraiment on le conçoit mal censurant la personne ou l'œuvre de F.-A. Schultz. Et l'on s'est bien gardé de consulter, par exemple, l'*Allgemeine deutsche Bibliothek* où ce thuriféraire est peint comme un grotesque versant des larmes imbéciles sur les vilains étudiants qui ont maltraité son idole. Sans aucun doute il faut rétablir un contexte.

Premièrement Schultz n'est pas Prussien ; il est Poméranien, étant né à Stettin en 1692. La différence est capitale, aussi abrupte qu'entre la victime et le bourreau. Prétendre que la Prusse est un pays terrible, c'est tout simplement ne rien dire. Il n'y a pas de terreur géographique. Un pays n'est pas inhumain : comme la terre fait le cultivateur ou la mer le pêcheur, en Prusse les marais suscitent leurs cabaniers, la forêt ses bûcherons, ses charbonniers, ses braconniers. Les normes de vie à l'intérieur d'un paysage déterminé appartiennent à l'histoire naturelle de celui-ci. L'inhumain est seulement d'institution humaine. La peur est l'attente d'une sanction, la résonance d'une infraction, le halo des règles douteuses inventées par les uns pour contenir les autres ; elle est d'essence politique. Or en Prusse la politique est rattachée à la mission d'être une « marche », un coin allemand enfoncé dans les terres slaves. Les Prussiens eux-mêmes sont des Slaves, progressivement exterminés pour faire place à des colons, à

1. V. Delbos, *La philosophie pratique de Kant*, Paris, P.U.F., 1969, p. 26-27.

des déracinés facilement exploitables [1] ; Frédéric II lui-même n'a pas su résister au besoin de les calomnier [2] : besoin intéressé, d'origine allemande, ayant pour conclusion le droit de persécuter. Il est vrai que la Prusse n'a aucun loyalisme : on y a prémédité (et manqué) l'enlèvement du Grand Électeur ; pendant la guerre de Sept ans, on y a fraternisé avec les armées russes, et Kant ne s'en est pas privé. Prusse et Poméranie, c'est la nuit et le jour : au temps où le clergé luthérien de Kœnigsberg priait publiquement pour le roi de Pologne, les Poméraniens refusaient d'être séparés du Brandebourg, et vendus par traité comme des pommes ou des bœufs. « Précieuse Poméranie » : les vassaux de ce pays sont « fidèles comme l'or » ; et au contraire, dit le Roi-Sergent, il faut surveiller les Prussiens : ils sont intelligents, et feraient de bons fonctionnaires, s'ils n'étaient pas faux et rusés [3]. Quoi de plus naturel que les « confier » à leurs voisins poméraniens ?

Deuxièmement Schultz a fait ses études à Halle, qui passe couramment pour un haut-lieu piétiste, ce qui est sans doute exact, mais superficiel. Ce qu'a fait Frédéric Ier fondant cette Université, c'est essentiellement un acte politique, à triple ou quadruple portée : il s'agissait d'équilibrer le rayonnement de Wittenberg et de maintenir dans la zone d'influence berlinoise le Magdebourg acquis depuis peu ; mais également de faire

1. Parmi eux, les huguenots français, à qui l'on reprenait peu à peu tous les droits par la promesse desquels on les avait fait venir.

2. Voir ses *Mémoires pour servir à l'histoire de Brandebourg*, sur la grossièreté du fétichisme en Prusse, 1758, tome I, p. 39-40.

3. Waddington, *Histoire de la Prusse*, Paris, Plon, 1911, tome II, p. 317. Sur le contraste entre Koenigsberg et Stettin, p. 551 ; sur l'attitude des Prussiens lors du traité de Wehlau, Bonnefon, *Histoire d'Allemagne*, p. 173 ; sur celle des Poméraniens, Waddington, I, p. 257.

concurrence à Leipzig, intellectuellement et économiquement (les étudiants que l'on attire étant une source de revenus) ; en outre, de rétablir, en apparence du moins, une symétrie au sein du royaume de Prusse, Duisburg et Francfort-sur-Oder étant toutes deux calvinistes, Halle et Kœnigsberg luthériennes. Plus d'un naïf a dû se dire que les temps étaient bien changés depuis la calvinisation de Francfort[1] par son père le Grand Électeur. En fait, plus que jamais, l'objectif consistait à fragmenter ou à réduire les luthériens, suspects au roi d'incliner vers le catholicisme. Son fils, le Roi-Sergent, découvrira l'astuce lui permettant de faire venir les luthériens dans une faculté calviniste, en créant à Francfort une chaire de théologie luthérienne, à leur intention, c'est-à-dire pour qu'ils soient dans un tel milieu investis de toutes parts, tout en contribuant, par leurs droits acquittés, à la prospérité de la confession adverse. Mais lui-même savait déjà que la rivalité de Halle avec Leipzig et Wittenberg la forcerait de sécréter son luthéranisme bien à elle, principalement orienté vers la nécessaire union des églises. Le piétisme qui s'y installe n'a rien d'un mouvement doctrinal ou mystique : c'est une discipline, un dressage dominé par le goût des bonnes actions, parmi lesquelles on comptera le service de l'État prussien, conformément à ce principe d'abnégation, importé de Genève : Soli Deo gloria.

Enfin Franz-Albert Schultz est l'homme du Roi-Sergent. Or celui-ci, passionné de colonisation[2], avait donné un rôle précis à l'université de Halle : former des cadres pour la Prusse.

1. E. G. Léonard, *Histoire générale du protestantisme*, Paris, P.U.F., 1961, II, p. 205.

2. Mirabeau, *De la monarchie prussienne au temps de Frédéric le Grand*, Londres, 1788, tome I, p. 71.

Pour éviter les collusions ou les amitiés régionales évidemment préjudiciables à l'exercice de l'autorité, il avait inventé pour sa province de l'Est la règle du dépaysement[1]. Pour plus de sûreté encore il souhaita introduire, dans l'examen de fin d'études des pasteurs, une confession relative à leurs expériences religieuses, un « formulaire » qui aurait permis d'établir un système des fiches. Bien que cette initiative ait été accueillie par certaines protestations, on voit à la question posée par Schultz à Kant sur la crainte qu'il avait de Dieu, qu'elle avait conservé au moins un partisan. Il y avait entre eux identité de vues et convergence des méthodes[2] : Schultz enseignait au roi que la mesure prise (sur la foi de mauvais conseillers) contre Christian Wolff divisait ses sujets, qu'une manière plus habile de le neutraliser était de se dire son disciple ; en échange le roi mettait en son pouvoir le moyen d'unifier la vie intellectuelle pour ce qui dépendait de Kœnigsberg en ne nommant comme professeurs que des piétistes d'une même tendance. Ainsi les frontières orientales seraient le « rocher de bronze » auquel le Roi-Sergent comparait son autorité : les rangs serrés face à l'ennemi ! Tout fut sacrifié à cette notion de l'ordre ; il n'y eut presque plus d'enseignement supérieur : ni poésie, ni droit, ni recherche en médecine ; plus de savants, mais beaucoup de pasteurs et d'instituteurs, capables d'informer et d'incarner l'État. « Par ce que Schultz a accompli en fidèle serviteur de son roi, la Prusse a été marquée pour des dizaines d'années[3]. » Le « christianisme actif » (que n'appréciaient guère les luthériens traditionnels), professant

1. Waddington, *Histoire de la Prusse*, *op. cit.*, tome II, p. 319.

2. Waddington, *Histoire de la Prusse*, *op. cit.*, II, p. 510.

3. Götz von Selle, *Geschichte der Albertus-Universität zu Königsberg in Preussen*, *op. cit.*, p. 141.

que le caractère doit passer avant le savoir dans les buts de l'éducation, a quelque chose qui ressemble à un programme culturel conçu par l'Ordre Teutonique.

§ 4. QUI RIRA LE DERNIER ?

« Une grande ville, au centre d'un État qui réunit les assemblées du gouvernement, une Université (pour la culture des sciences) et une situation favorable du trafic maritime, permettant un commerce par voie fluviale entre l'intérieur du pays et des contrées limitrophes ou éloignées, avec des mœurs et des langues différents, – telle est à l'exemple de Königsberg sur le Pregel, la ville qu'on peut considérer comme adaptée au développement de la connaissance des hommes et du monde, et où, sans voyage, cette connaissance peut être acquise[1]. » Candide avait Paquette pour se rendre au marché, vendre les fleurs de son jardin. Pourtant c'était trop peu pour un vrai dialogue ; aussi a-t-il l'air de vouloir « faire une fin », de renier ses aventures, et de se résigner à la misanthropie. Au contraire les *Rêves* ne condamnent que les voyages imaginaires et les sociétés fictives. Même une fois convaincu que la lumière des objets a sa source dans le sujet, leur auteur n'ira pas diminuer l'obstacle qui fait connaître la lumière à elle-même comme éclairage ; il ne s'enfermera pas dans le moi transcendental, qu'il ose définir par la tâche de faire exister l'Univers, ni dans le moi psychologique, inséré dans cette expérience. L'exemple

1. Kant, *Anthropologie*, trad. fr. M. Foucault, Paris, Vrin, 2008, préface, p. 84 ; Ak. VII, p. 120.

qu'il reçoit de la ville qu'il habite est la création continuée d'une vie cosmopolitique.

Reste à voir si la chose même est d'accord avec cette version, et si elle a le moyen de le faire savoir.

L'histoire et sa philosophie ne tiennent pas le même langage. Celle-ci cherche la loi pouvant déterminer, de tout événement sans cesse remis en cause par des événements nouveaux, le seul aspect qui soit durable. Celle-là, heureuse possédante, fait durer le passé sans donner ses raisons. Ici son arrogance est toute particulière. Kœnigsberg est la ville qui couronne les rois de Prusse, bien que le premier d'entre eux ne remonte pas plus haut qu'une simple mémoire d'homme : ce n'est que le grand-père de Frédéric II. Famille de parvenus, dont l'aïeul acheta le duché de Brandebourg pour une somme d'argent amassée Dieu sait comme. La couronne, les terres, ils ont tout acheté ; jusqu'à ces derniers temps leur alliance militaire fut un objet de location : *point de pays, point de Prussien*. L'imitateur du Roi-Soleil, le fastueux Frédéric Ier, a cru effacer cela sous les trente mille chevaux de son couronnement : son père n'en avait pas autant à Fehrbellin. Nul doute qu'on ne préfère pourtant son nom donné à un collège, ce Fredericianum dont Kant a été l'élève, et F.-A. Schultz le directeur. Près de cinq cents garçons s'y instruisent, fils d'officiers et de négociants dans la section latine, futurs marchands et artisans dans la section allemande. Cette précieuse annexe du port et des arsenaux, est le complément d'une politique, dont le but est de créer une base d'exportation : les hommes ayant les quais de Pillau, l'industrie du cuir et le tissage, les écoles pour leurs enfants seront des avantages faits pour les retenir. Bienvenue aux immigrants qui feront pousser le blé : on n'achète plus celui de Pologne, on pourra même en vendre et l'argent rentrera. Si c'est l'esprit moderne qui fait de pareils comptes, qui vit dans cette passion des bilans positifs, ce n'est pas l'esprit philanthropique. Et ce n'est même pas une nouveauté. Cette réplique donnée au tsar Pierre le Grand faisant sa ville à coups d'oukases est une recette venue des grands maîtres de l'Ordre, qui avaient su combler Kœnigsberg de franchises[1]. Plus persuasive que le glaive, la prospérité lui survit : après la chute de Marienburg, les chevaliers y auront leur quartier général ; leur retraite se sera effectuée *en avant*, toujours en direction de l'Est. L'instruction aussi est une arme, dans la mesure où elle amène les populations qui la reçoivent à se germaniser de leur propre mouvement. Le collège Frédéric prépare les candidats pour l'examen d'entrée à l'Université ; celle-ci ayant été l'œuvre du duc Albert (à qui les Hohenzollern doivent la Prusse orientale par la sécularisation des biens de l'Ordre teutonique), le moment où les deux traditions se rejoignent donne au travail et aux écoles une signification de conquête larvée : ils sont respectivement le support financier et le service psychologique d'une entreprise qui a la même visée que la guerre et qui y tend par d'autres voies ; en eux le *despotisme* a ses troupes du génie, son intendance, et ses agents par lesquels il est *éclairé* comme le sont de vrais combattants par les reconnaissances de la cavalerie.

L'éloge du travail n'a pas besoin de Voltaire. Du reste, quelqu'un s'est-il proposé de blâmer[2] pour qu'il y ait matière à éloge ? Le travail est un commandement[3]. La pire des erreurs ici serait d'objecter que Luther condamne les bonnes œuvres : car il le fait dans la mesure où elles ne sont pas des travaux,

---

1. Vorlander, *Immanuel Kant, op. cit.*, tome I, p. 6.

2. « Stulte ! Quis unquam vituperavit ? », *Anthropologie, op. cit.*, § 8, Ak. VII, p. 143.

3. Plus ancien que ceux du décalogue ; voir *Genèse* (2, 5).

mais des projets stériles de mortification. « L'un court à la Chartreuse, l'un ici, l'autre là, comme si les bonnes œuvres et les commandements de Dieu étaient relégués et cachés… en tous lieux, en toutes conditions, il existe des bonnes œuvres » offertes à tous, à profusion, sans qu'il y ait à chercher ailleurs. Saint Paul l'a dit : donner, présider, consoler [1], être juste et hospitalier, ce sont là des services donnés à accomplir sans qu'il faille quitter sa place ; chacun est invité à la joie qu'ils procurent, pourvu qu'il ne juge pas d'après l'éclat d'une œuvre, mais d'après son utilité, et « qu'il respecte sa condition ». Celui qui se met au travail pour faire ce qui lui est ordonné peut se dire : ceci vaut mieux que la sainteté de tous les moines « quand bien même ils se tueraient à force de jeûner ». Est-ce peu dire, en tant que cette sainteté n'est rien ? Alors voici : même la nouvelle que le Christ se serait montré ne doit pas détourner de la tâche. Parce que, dira-t-on, c'est une nouvelle absurde ? Eh bien ! même le ciel s'il venait à s'ouvrir, même l'enfer courant à nos trousses ne doivent prévaloir contre l'œuvre à finir. N'est-ce pas pour en être encore plus assurés que les Hohenzollern se sont faits calvinistes ? Le jardin de chacun lui a été assigné par la divine Providence. Notre entendement brûle d'impatience et notre folie dérange toutes choses. Voilà pourquoi Dieu a « ordonné à chacun ce qu'il aurait à faire » [2]. À chacun de se persuader que son état lui est fixé comme un poste à une sentinelle. Le mot allemand *Beruf*, qui veut dire profession, devrait conformément à

---

1. Romains 12, 8. Le reste : Colossiens 4, 1 et toute l'épître à Tite. Le commentaire de Luther est pris au tome I de ses *Œuvres*, Genève, Labor et Fides, 1957, p. 269, 280-281, et dans le *Grand catéchisme*, au § sur le 4e commandement.

2. Calvin, *Textes choisis*, Gagnebin et Karl Barth, p. 186 à 192.

l'étymologie signifier la mission reçue, l'appel à une fonction ; rien de plus calvinien que cette identité : « Si nous n'avons notre vocation comme une règle perpétuelle, il n'y aura point de certaine tenue ni correspondance entre les parties de notre vie. » Est-ce pour avoir fait ses débuts de précepteur chez le pasteur Andersch, de l'église *réformée*, que Kant a maintenu des règles similaires ? Être inconstant, dit-il souvent, c'est n'être rien. Et, dit-il encore, le travail a en lui sa propre récompense[1] : par l'équilibre qu'il garantit, et par ce prodige étonnant de faire descendre le plaisir dans cette chose vide qu'est le repos.

« Enthousiaste », c'est un mot de Luther contre les mystiques prussiens, contre cet Osiander que le bras séculier n'ose pas remettre à la raison, parce qu'il eut le privilège de convertir le duc Albert, mais dont l'un des disciples[2] aura la tête tranchée. « Fou, fantaste », ce sont des injures calvi-niennes : de celles qui mènent à la prison, et quelquefois jusqu'au bûcher. À l'époque de Kant, on soigne au lieu de punir ; mais de toute façon on enferme. On préserve le travailleur, parce qu'il est déjà enfermé. Les fonctionnaires prussiens retenus à leur poste, les colons retenus à la terre pendant la peste de 1708 ont durement fait l'épreuve de ce quasi-servage soi-disant motivé théologiquement. Kant s'engage sur une route que d'autres ont mieux connue, les uns comme chiens de garde, les autres comme bétail. C'est celle de la « police », qui est le travail pour tous[3]. Le sang du Taci-

---

1. *Anthropologie*, § 60 ; Ak. VII, p. 232.

2. Funck, en 1566 (Götz von Selle, *Geschichte der Albertus-Universität zu Königsberg in Preussen*, *op. cit.*, p. 56).

3. C'est le sens de ce mot dans la phrase de Voltaire que cite Michel Foucault, *Histoire de la Folie*, Paris, Gallimard, 1977, p. 77.

turne coule depuis Liselotte dans les veines des ducs de Brandebourg : c'est une grande, noble figure. L'histoire du prince de Hombourg pourrait faire deviner l'horreur des sanctions prises pour un <ordre mal écouté, pour une fantaisie glorieuse et heureuse : les douces larmes qu'elle inspire ! Il ne manque plus que Rembrandt pour embellir les médecins, les drapiers et arquebusiers, chacun donnant sa forme au service de Dieu. Comme les émigrés font venir des jardins sur les sables de Moabit, les maîtres berlinois seraient capables d'extraire une poésie de la discipline, à force de la pressurer. Jamais un philosophe ne fut plus en péril que Kant ne l'est à ce moment sur cette route de pays bas. Mais le courage veut qu'on y reste : l'autorité mourra avant la vérité. Jamais Kant ne démentira l'aversion qu'il ressent pour la lampe sous le boisseau[1], ni le désaveu qu'il adresse aux regards qui se portent trop loin[2]. Quand l'évêque de Linköping[3], luthérien et Suédois comme Jesper Svedberg, voudra lui attribuer des aïeux en Suède (et aussi des parents trop pressés de l'exploiter) il rectifie énergiquement : bien possible qu'il y ait des Kant paysans en Ostrogothie (cela ne déshonore pas le nom, bien au contraire), mais le berceau est en Écosse, d'où son grand-père est venu directement en Prusse, en même temps que des Simpson, des Maclean, des Douglas, des Hamilton, et tellement d'autres. Il se sent Écossais, ce qui veut dire sans doute compatriote de Hume (et très flatté de l'être, on peut le deviner), mais aussi, proverbialement : nanti d'une âme restrictive, dur au labeur et en paroles, et sans le moindre

1. Kant, *La religion intérieure aux limites de la simple raison*, voir la conclusion.

2. Kant, *Prolégomènes*, § 31.

3. Ak. XII, p. 192 (lettre du 13 août 1797) ; réponse le 13 octobre, p. 204.

mépris pour les compagnons sans éclat[1] que cette affinité lui
vaut dans la cité philosophique. Pourtant ce sont de vrais
symboles, parlants comme des caricatures. Parmi les clichés
de Leibniz[2], il y a « ornez votre Sparte » : on se fait une idée du
genre de philosophes qui ont pu s'engendrer là. La tâche propre
à chacun, le poste où il faut combattre, font de bonnes versions
grecques ou latines selon qu'elles sont signées d'Épictète ou
de Sénèque : c'est moins mièvre que la garderie du *Phédon*,
mais enfin on peut craindre que l'exigence morale n'y porte
quelque peu préjudice à l'exigence intellectuelle ; le devoir y
est difficile à faire, mais on n'a pas trop de peine à prendre pour
le trouver ; ces Stoïciens sont des athlètes, mais vraiment pas
de grands penseurs. Enfin le Socrate qu'on trouve en pareille
société abonde en leçons de tempérance ; c'est le Socrate de
Xénophon, duquel on se demande s'il n'est pas excessif dans
sa façon d'être modéré. Une attitude n'est pas une philosophie.
La limitation, mais par quoi ? L'immanence, mais au nom de
quoi ? Un jour ces négations seront l'*a priori*, le primat de la
raison pratique ; pour l'instant elles n'y ont qu'une très vague
ressemblance. Elles sont amenées par plus que du bon sens ;
malheureusement c'est surtout le bon sens qui les accrédite : or
il a ceci d'étranger à toute espèce de réflexion d'être une
qualité occulte[3].

---

1. Pour peu il en rajouterait : « Chrysippe, dans son rude langage de
stoïcien, dit : la nature a donné au porc, au lieu de sel, une âme pour qu'il ne
pourrisse pas » (premières lignes de l'*Annonce d'un prochain traité de paix
perpétuelle en philosophie*, Ak. VIII, p. 413).

2. Kant l'utilise aussi : voir Ak. XV[2], p. 933 ; la source probable est
Cicéron, à Atticus IV, 6. Et Blumenbach le reprendra.

3. Ak. XVIII, p. 42, réflexion n° 4963.

L'histoire est pleine de contresens, qui sont l'hommage qu'elle rend à la demande d'avoir un sens. L'historien est prié d'en commettre un peu moins. Or ce qui fait l'histoire en Prusse, c'est le piétisme, qu'on nommerait mieux un méthodisme, et qui est encouragé par la raison d'État. Mais qui l'empêche d'avoir en outre, dans sa section idéologique, un responsable qualifié pour l'histoire de la philosophie ? Avec les *Rêves*, l'affaire est bonne. Quand la susceptibilité, tout d'abord choquée et surprise, aura cessé de grincer des dents, et peut-être de songer à ce bon vieux temps où pour un simple discours de Wolff sur la morale des Chinois on avait pu le mettre à la porte, le moment sera venu de confisquer ce livre : non pas ses exemplaires, mais son sens apparent. Les visionnaires naissent toujours, du moins en Europe orientale, dans le parti des opprimés, c'est l'habitude qu'on les réprime. Un homme de pouvoir, actif et intrigant, un successeur de Schultz, avec plus de savoir-faire, moins intelligent que sûr de soi, mais surtout habile et rusé, il faut bien que cela existe. Et justement il en est un, qui autrefois a connu Kant, à l'époque des soutenances ; il s'est éloigné de Kœnigsberg en 1762, il y est revenu peu après la *Critique*. Il s'appelle Ludwig-Ernst Borowski[1] ; avec un nom pareil, où il y a du Borusse, c'est un

1. Né en 1740. Étudiant à moins de 15 ans, fut l'un des premiers auditeurs de Kant. Précepteur dans la famille von Knobloch de 1758 à 1762 (voir Ak. X, p. 36, une lettre de lui au sujet de son *Junker*). Aumônier militaire du régiment de Lehwald de 1762 à 1770. Pasteur (avec le titre d'*Erzpriester*) quelque part en Prusse orientale, revient à Koenigsberg en 1782 (église de Neu-Roszgarten) ; *Kirchenrat* et *Schulrat* en 1793, très influent auprès du roi de 1807 à 1809, premier prédicateur de la cour à Koenigsberg, puis évêque, et archevêque en 1829. Il est mort anobli en 1831. Borusse (c'est-à-dire *près de Russe*, s'il faut en croire Frédéric II) est le nom d'origine des Prussiens.

homme précieux pour le pouvoir de Berlin : un indigène indiscutable dans le camp des colonisateurs ! Comme il a, grâce à Dieu, de grandes ambitions, il lui faut s'emparer de Kant et de sa haute renommée. Il fera sa biographie. Par malchance il a peu de mémoire des événements lointains dont il fut le témoin. Il a été présent dans la salle même où Kant recevait le salaire de ses *Méditations sur le feu*[1] : il se souvient seulement qu'il y avait beaucoup de monde. Il a participé à une autre séance qui a eu lieu l'année d'après et l'on peut lire son nom sur la page de titre de la *Monadologie physique* : il est incapable d'en rien dire. Il se garde bien d'exprimer quelque scrupule à cet égard : il était là, et cela suffit pour lui donner le moyen de faire parler de lui, et le droit de parler lui-même. Il réussit un premier coup, qui est d'obtenir de Kant une déclaration... en vue d'un livre sur Cagliostro[2]. Pour qu'il se sente bien à son aise, il lui faut, comme on voit, des sujets pittoresques. La conférence qu'il rédige en 1792 pour la Société royale de Kœnigsberg est marquée du même goût pour les succès faciles : *unser Kant*, soyons fiers qu'il soit de notre ville. Quelques développements nouveaux, quelques notes ajoutées et quelques appendices en feront un livre

1. Borowski néglige ou ignore cet opuscule dans sa liste des travaux de Kant. C'est que l'examen avait eu lieu le 13 mai 1755 ; la leçon inaugurale, le 12 juin seulement. Ne lui en demandons pas trop : son quinzième anniversaire n'interviendra que le 17 juin. Il fait cependant allusion (p. 15 de l'éd. *Deutsche Bibliothek*) à une *Probeschrift* « sur l'élasticité » ce qui est grosso modo le sujet traité par Kant : et pour le plaisir de nommer Teske, le conseiller consistorial bombardé professeur de physique, il nous donne sans le vouloir une preuve éloquente de la nullité du susdit, ravi d'avoir appris tant de choses de cette petite dissertation. Le texte en sera retrouvé en 1838 dans les Actes de la Faculté.

2. On peut la lire dans Ak. XI, p. 138-140. Elle n'a heureusement aucune complaisance pour les lecteurs que l'on suppose.

acceptable quant à son volume total, aussitôt que la mort de
Kant l'aura rendue d'actualité. Et comme elle encense au
passage les Schultz, les Arnoldt, les Teske, toutes les têtes du
parti dont il est le héraut, on y verra un témoignage [1], parce que
ce sont des noms de personnages réels.

Jamais la vieille prière : gardez-moi de mes amis, n'aura
été plus à propos. Car ce petit livre qui voit le jour aussitôt que
possible après la mort de Kant (dont il ne donne, d'ailleurs,
même pas la date exacte [2]), qui a été revu par Kant pour la
première moitié seulement [3] (mais dont on croira bien souvent
qu'il a été revu en entier) contient le pire des tours qu'on puisse
imaginer. Cet amateur de récits qui atteignent le public, qui
sans doute vise un peu bas [4], joint à sa pauvre biographie
une soi-disant lettre de Kant, adressée à Mlle Charlotte von
Knobloch, sur un sujet qui est celui des *Rêves d'un Visionnaire*, ou du moins, du début de la seconde partie. On y
retrouve, donc, l'histoire de la quittance, celle de l'incendie
de Stockholm, et quelques circonstances concernant les
rapports entre Swedenborg et la reine Louise-Ulrique. Ce n'est

1. En fait c'est un pamphlet, ou comme il le dit lui-même (éd. de la
Deutsche Bibliothek, p. 92-93) un sermon (*eine Predigt*) dirigé contre les idées
libérales, nommément contre l'Aufklärung.

2. Kant est mort le 12 février 1804, à onze heures du matin, dans sa quatre-
vingtième année. Borowski dit : le 24 février, ayant atteint quatre-vingts ans
(deuxième erreur, Kant étant né le 22 avril 1724).

3. Jusqu'au premier tiers de la p. 50 de l'édition *Deutsche Bibliothek*
(Berlin-Leipzig sans date, préface de 1912).

4. Voir le ton satisfait (le contraire étonnerait) qu'il prend pour dire que
Kant a été amoureux (éd. citée p. 68) : ce fut, bien entendu, de « dignes
demoiselles » ; mais, à son habitude, il ne donne pas leurs noms, en décidant que
cela n'intéresse personne. Et le lecteur frémit en pensant aux secrets que cet
homme court le risque d'emporter dans sa tombe.

certainement pas le souci d'informer qui motive cette publication. Car Borowski a écarté (s'il faut l'en croire, comme toujours) un texte qui serait autrement précieux : tout simplement celui de la leçon inaugurale que Kant a prononcée lors de sa promotion, à laquelle il a assisté, et dont il prétend même détenir une copie, qu'il a (mieux encore !) sous les yeux à l'heure même où il rédige. Cette leçon, dit-il[1], portait sur *la manière facile et la manière profonde d'exposer la philosophie* : ce qui n'est rien de moins que la première section de l'*Enquête* de Hume *sur l'entendement humain*. Pourquoi la garder par devers soi ? Pourquoi ne pas la publier ? Y a-t-il une omission plus navrante que celle-là ? Borowski ne sert pas l'histoire[2] : il désole seulement l'historien. Il se fait dire irremplaçable pour des services qu'il ne rend pas. Pourquoi donc fait-il mine, ici, de nous servir ? Est-ce bien nous qu'il sert en publiant cette lettre ? Le contraire est tellement clair... Cette lettre dite de Kant est l'annexe numéro deux, et l'annexe numéro trois est la contribution à son *Cagliostro*. Ne peut-il donc penser à autre chose qu'à lui, et qu'au livre important de l'important qu'il est ? Si fait, *la cause* l'intéresse presque à l'égal de sa carrière, et sa façon d'annexer Kant n'empêche pas quelque dévouement de sa propre personne à ce qu'elle représente, à sa fonction ecclésiastique, mais aussi politique et administrative, le tout indissolublement. Ses intentions sont trop visibles. On les déchiffre à livre ouvert : nous autres, dans notre parti, qui avons créé les écoles (moi-même j'en suis l'inspecteur), nous répandons les lumières, et nous dénonçons

---

1. P. 17, dans une note ajoutée au premier manuscrit (et par suite non revue par Kant).

2. Il sert essentiellement *l'ambition historique* incarnée par les Hohenzollern.

l'imposture. Nous avons à cœur de « travailler pour remettre debout tant de têtes enthousiastes »[1], non seulement à l'étranger, mais même dans notre pays. Ainsi déjà Franz-Albert Schultz avait fait de Christian Wolff et de sa célébrité l'un des atouts du jeu prussien. Mais de plus : nous sommes des justes, et nous n'avançons rien sans avoir vérifié ; nous pourchassons la vérité. Ce qui le prouve ? C'est cette lettre : regardez bien, elle est datée du 10 août 1758. Savez-vous de quand sont les *Rêves d'un Visionnaire ?* Faites la soustraction et vous saurez tout le temps que Kant a employé pour en venir à bout. En effet, cela ferait un peu plus de sept ans. C'est beaucoup pour répondre à une flambée de la mode. Ce Borowski est un homme tellement occupé, entre l'église et les écoles, qu'il n'a pas jeté les yeux sur les dates contenues dans le texte même des *Rêves*. Car l'incendie de Stockholm y est considéré comme étant de la fin de l'année 1759, et l'entrevue avec la reine, de 1761. Toutefois il ne s'arrange pas si mal qu'il doive admettre en Kant un don de double vue : il vieillit simplement l'incendie de Stockholm, qu'il allume en l'année 1756. Les deux autres histoires sont alléguées sans date.

Nous refusons de traduire une pareille lettre[2], dont aucun éditeur n'a vu de manuscrit, dont la destinataire est morte

1. Lettre de Borowski à Kant, Ak. XI, p. 138. Le *Cagliostro* et la conférence sur Kant ont été, naturellement, deux des titres qu'il lui fallait pour être candidat aux fonctions de *Schulrat*.

2. Tout ce qu'on a écrit sur cette lettre a toujours été négatif : elle *ne peut pas* avoir été adressée après 1763 à Mademoiselle von Knobloch (car elle s'est mariée en 1764 et a par suite changé de nom) ; elle *ne peut pas* non plus, à cause de son contenu, avoir été écrite avant (voir Ak. XIII, p. 21). Mais peut-elle l'avoir été en 1763 ? On se donne trop de mal pour justifier ce texte, sans répondre vraiment aux inquiétudes qu'il donne.

l'année même où elle a été publiée, et que l'on reproduit depuis lors de confiance. Confiance en Borowski! Comme si l'on ne savait pas de quelles erreurs il est capable! Vorländer, qui en a fait la liste, en a une fois trouvé cinq dans une seule page[1]. Mais la plus belle est la mention d'un livre que Kant aurait écrit en 1784: *Considérations sur le fondement des forces et sur les méthodes que la raison peut employer pour en juger*. Ce livre a existé; Kant s'en est occupé... pour faire censurer certains passages le concernant. Il est rare que l'on confonde l'accusé et le plaignant. Et le fait que le plaignant ait aussi été le juge[2] ne saurait valoir comme excuse. Mais dans le cas Borowski il y a bien davantage que la précipitation d'un narrateur qui, dans sa hâte de prendre rang, complète ses ignorances avec des on-dit qu'il déforme. Il y a surtout son caractère, qui exclut toute espèce de confiance possible dès que lui-même est en jeu. «Une nature habile à se mettre en valeur», tel le voyait Vorländer, rappelant qu'il a son monument près de cette église de Kœnigsberg dont il a été le pasteur. «Ses plus proches connaissances le tenaient assurément pour un homme instruit et de bonnes manières, mais aussi pour une nature ambitieuse, avec des tendances vaniteuses et dominatrices, qu'il cachait derrière le masque d'une extérieure humilité[3].» Bientôt cinquante ans qu'il l'a dit: pourquoi les historiens en tiennent-ils si peu compte que Borowski passe toujours pour le principal biographe de Kant? Voilà une situation (une de plus) qu'il s'est faite, et qui sitôt acquise lui reste par inertie. Dira-t-on que les mots de Vorländer ne sont qu'un jugement, et non un

---

1. Vorländer, *Die ältesten Kant-Biographien*, Berlin, 1918, p. 17.

2. Il exerçait la censure en qualité de doyen.

3. Vorländer, *Die ältesten Kant-Biographien*, *op. cit.*, p. 15.

témoignage ? Mais Vorländer n'invente rien : il se borne à traduire des propos de Scheffner qui, lui, est un contemporain, et le seul tort qu'il a est de ne pas le préciser avec une clarté suffisante. Voici donc ces paroles sous leur forme d'origine : « Il excelle à devancer les paroles des grands, et l'onction qu'il mêle en chaire aux exposés qu'il fait le sert beaucoup dans le monde. Jusque dans sa vieillesse il est demeuré vain, fièrement humble, flatteur, arrogant et pontifiant[1]. » Et quand même Scheffner au fond est indulgent : il a conscience d'avoir affaire à un homme pénétré de son rôle. Par contre Friedrich Delbrück, précepteur du Kronprinz, sensiblement plus jeune et par suite moins enclin à accepter ce que les aînés prennent pour le fruit de l'expérience, ne parvient pas à surmonter son malaise, et même son dégoût. Il le côtoie à Kœnigsberg, au lendemain d'Iéna, dans les jours malheureux où le couple royal[2] n'avait guère que cette ville pour y tenir sa cour : « Borowski est venu. Peut-on vraiment se fier toujours à ce qu'il déclare ?... Il m'apprend certaines choses, mais il ne saurait nier la nature papale qui est la sienne... Pour la première fois il a

1. E. Benz, *Swedenborg in Deutschland, op. cit.*, p. 259. Scheffner est un haut fonctionnaire (Kriegs = und Domänen = rat) parfois curieux de philosophie (voir ci-dessus, p. 13, note 1, ses relations avec Hamann). Ajoutons que Borowski le nomme fréquemment, et qu'il figure parmi les connaissances lointaines de Kant (Ak. XI, p. 56, 131, 141, 143, 258, 495) ; Friedrich Delbruck a commencé par une thèse de philosophie, qu'il a même adressée à Kant (Ak. XI, p. 215-216). C'est leur date de naissance qui les sépare le plus : Scheffner, né en 1736, avait à peu de chose près l'âge de Borowski, mais Delbrück, né en 1768, était d'une autre génération qui a été marquée par l'ascension de la Prusse depuis 1792 (et non comme la précédente par l'occupation russe dans la guerre de Sept Ans, pendant laquelle Borowski a été l'aumônier des vaincus de Memel).

2. Frédéric Guillaume III et la reine Louise.

laissé percer son avis sur Napoléon. Le vieux fourbe! Je n'aimerais pas avoir avec lui des liens qui me le rendent plus proche[1]. » Personnage inquiétant, qui pour une fin jugée par lui indiscutable ne regarde pas aux moyens[2], pas même, semble-t-il, s'ils dépendent de l'ennemi. Ce qu'il prépare de loin, c'est l'unité religieuse[3], et somme toute le parti unique. Or Scheffner nous apprend qu'il est très écouté par les frères moraves, dont l'*Église de l'Unité* a derrière elle, à Herrnhut, un passé remarquable de colonisation, et un peu partout dans le monde une œuvre acharnée de mission[4]. Et il se trouve que Swedenborg a malmené les frères moraves, trop suspects de méthodisme, trop liés également avec les Wesleyens; ils le lui ont rendu en répandant le bruit qu'un jour à Londres, fou furieux, il s'était roulé dans une flaque. La publication de Borowski doit ainsi être comprise comme une action de guerre, une manœuvre de tacticien: elle souligne exagérément la bienveillance de Kant, sa tendance favorable, mais c'est en prévision d'un *a fortiori*, pour mieux accabler l'adversaire, pour donner plus de portée au revirement critique. Elle vient étayer et renforcer la dure conclusion des *Rêves* qu'il analyse, à un autre endroit de son livre, plus longuement qu'aucun des autres écrits de Kant. Elle expose dans le détail les sources et les précautions prises, allant jusqu'à élever des doutes sur les résultats de l'enquête effectuée par quelqu'un qui est qualifié

---

1. E. Benz, *Swedenborg in Deutschland, op. cit.*, p. 258.

2. P. 82, il appelle Kant « ein *vir propositi tenax* » : c'est naturellement pour lui l'éloge suprême.

3. Voir le livre de Louis Noir, *L'union des églises protestantes en Prusse sous Frédéric Guillaume III*, Lausanne, Impr. Pache-Varidel, 1906.

4. Voir les deux livres d'E. A. Senft, *Les missions moraves*, Neuchâtel, Delachaux, 1890 et l'*Église de l'unité des frères*, Neuchâtel, Delachaux, 1888.

d'«ami», encore qu'il soit jugé être «moins au courant des méthodes d'interrogation». Langage de pédant maladroit, ou de policier roublard, habitué au succès? En tous cas la jeune demoiselle n'en eût pas demandé tant et n'était plus en mesure de dire qu'on lui faisait beaucoup d'honneur...

Deux points surtout de ce document motivent l'étonnement et la protestation. Le premier est que l'auteur y parle de *Swedenborg*, correctement nommé. Il faudrait donc admettre que Kant, si c'était lui, connaissait ce nom avant les *Rêves*, et l'a consciemment écorché. Or d'une part on voit mal pourquoi, d'autre part la seconde lettre écrite à Mendelssohn parle toujours de *Schwedenberg*, dans un contexte qui interdit toute sorte d'effet littéraire. Car c'est cette dernière lettre qui contient la phrase souvent citée : «Oui, il est bien des choses dont je suis convaincu, et qui me satisfont, mais que jamais je n'aurai le courage de dire ; seulement jamais je ne dirai quelque chose que je ne pense pas.» Si Kant a parlé de *Swedenborg* avant 1765, non seulement il est un menteur, mais cette phrase aggrave son cas en donnant hypocritement l'exemple de ce qu'elle condamne. Le choix est net : ou bien c'est lui, et dans ce cas sa conduite ultérieure est sans aucune raison, comme celle d'un malade, ou bien c'est Borowski, avec des buts précis. L'autre point ? La soi-disant lettre fait bien des politesses au voyant suédois : «C'est un homme raisonnable, agréable et sincère ; c'est un savant, et l'ami dont je vous ai fait mention m'a promis de m'envoyer sous peu certaines de ses œuvres.» Ceci se rattache à cela, car certaines de ces œuvres sont signées Swedenborg (*Summaria expositio doctrinae novae ecclesiae*) ou Swedenborgius (*Principia rerum naturalium*). Nous retrouverions la même accusation de mensonge. Et de plus un fait nouveau intervient cette fois : l'ignorance des études scientifiques de Swedenborg était-elle

si avantageuse que Kant (arbitrairement supposé malhon-
nête[1]) ait eu, en rédigeant les *Rêves*, intérêt à la simuler ? La
lecture d'un livre prétendu scientifique, comme l'*Œconomia
regni animalis*, dont le contenu demeure partiellement positif,
n'était-elle pas le moyen de perdre moins de temps que dans
les *Arcana caelestia*, de continuer à s'instruire, de discuter
avec Vieussens, Aristote, Willis, Malpighi, jusqu'au moment
fatal du passage à l'absurde ? Borowski ment : cette lettre-là
n'a pas été écrite par Kant ; mais Mlle von Knobloch a été son
élève à lui en 1758, et en ce sens c'est encore de lui-même qu'il
parle quand il l'exhibe. Il a peut-être disposé de quelques notes
bien ou mal prises, de propos de table lointains ou même d'une
autre lettre, mais c'est lui qui a tout agencé. Certes il n'est pas
le premier, ni le dernier auditeur à se parer des propos d'un
autre[2]. Mais ce serait alors sous son nom : un plagiat, et non pas
un faux. L'ours qui lance le pavé et fait mal sans le vouloir
n'est pas non plus son personnage ou n'en est qu'un aspect
fortuit, car ce n'est pas un rôle de composition. Avec son
onction très papale (qui lui vaudra le titre unique et exceptionnel d'archevêque, que personne d'autre n'a porté), ce prédicateur abusif traite Kant après sa mort comme l'avaient traité
au début de sa carrière et pendant de longues années les patrons
du piétisme : un ouvrier solide, respecté, dont le travail et le
crédit doivent profiter à *la cause*, mais qui n'a pas ce qu'il faut
pour être un responsable et pour disposer librement de ses
mérites personnels. On a relevé[3] que Borowski n'avait jamais

1. Voir ci-dessous, p. 118, 202-203, et ci-dessus, p. 16-19.
2. Borowski (voir p. 19, 55, 85 de son ouvrage) fréquentait Hippel, ce qui
est une sorte de référence... Voir au sujet des procédés un peu surprenants de ce
dernier la déclaration de Kant dans Ak. XII, p. 386-387.
3. Vorlander, *Die ältesten Kant-Biographien*, *op. cit.*, p. 15.

été « ami de la philosophie Kantienne ». Mais croit-on qu'il avait à l'être ? Ce serait renverser l'ordre des préséances. Le fils du ceinturier appartient, mort ou vif[1], à ceux qui l'ont tiré de l'échoppe.

***

Alors, qui rira le dernier ? Swedenborg, dans son ciel, de la déconvenue du petit Magister qui a trouvé son maître ? Mais non, l'histoire ne s'arrête pas tant qu'il y a des dupes, des victimes, des insatisfaits. Et puis, qu'on nous pardonne, c'est un rire diabolique, qu'on n'imagine pas de la part d'un esprit porteur d'une prière en guise de prénom : Emmanuel, Dieu soit avec nous. Ce que veulent la prière et le geste des mains jointes, nous le savons depuis Lachelier : que l'inutile et l'accessoire s'écartent de ma méditation. C'est ce que demande aussi, pour se mettre à l'étude, l'homme qui essuie ses lunettes : que ma vue ne soit pas troublée. Dans toute sa candeur, voici maintenant le texte. Il est neuf. Il a deux cents ans. Et même, pour les vœux séculaires, nous sommes un peu en retard[2]. Peu importe : la fête, c'est lui qui nous la doit, car c'est de son côté qu'est la plus grande richesse. Pareil à l'ambre jaune que les matelots phéniciens ramenaient des côtes de la Baltique, dans la brume qui endort les eaux mortes des marais de la Prusse tout comme de nos étangs, il a l'éclat de l'heure matinale. Apprenons à ouvrir les yeux.

1. Tout comme Borowski, fils du sacristain de l'église du château.
2. Il aurait fallu y penser dans le dernier trimestre de 1965.

RÊVES D'UN VISIONNAIRE
EXPLIQUÉS
PAR DES RÊVES MÉTAPHYSIQUES

Ak. II, 315

Velut aegri somnia, vanae
Finguntur species.
Horace [1]

Koenigsberg
Chez Johann Jacob Kanter
1766 [2]

QUI NE PROMET PAS QUE CETTE PRODUCTION VOUS APPORTE GRAND-CHOSE

| L'empire des ombres est le paradis des fantastes. Ils y trouvent une terre sans limite où ils peuvent s'établir à leur convenance. Les vapeurs hypocondriaques, les contes de nourrices et les miracles de couvents[1] ne les laissent pas manquer de matériaux pour bâtir. Les philosophes dessinent le plan, et puis de nouveau le réforment, ou le récusent : c'est leur coutume. Seule Rome la Sainte y détient de fructueuses possessions ; les deux couronnes du royaume invisible supportent la troisième, diadème[2] branlant de sa domination terrestre, et les clefs qui ouvrent les deux portes de l'autre monde ouvrent de même par sympathie les cassettes du monde présent. Cette légitimité de l'empire des esprits, étant fondée sur des principes qui sont ceux d'une haute politique, passe bien au-dessus des gens d'école et de toutes leurs vaines objections ; bien ou mal employée elle reste trop noble pour

avoir à se présenter devant leur tribunal indigne. Mais parlons des récits communs, qui trouvent tant de créance ou du moins de si maigres contestations : au nom de quoi se propagent-ils avec si peu de profit ou tant d'impunité, et parviennent-ils à se glisser dans les exposés magistraux[3], eux qui ne veulent pas se prévaloir de la preuve par l'utilité (*argumentum ab utili*), la plus persuasive de toutes ? Entre les protestations d'un témoin oculaire aussi convaincu que sensé et la défensive intérieure d'un doute insurmontable, quel est le philosophe qui n'a pas quelquefois fait la plus sotte figure qu'on puisse imaginer ? Refusera-t-il toute vérité à tant d'apparitions d'esprits ? Quelles raisons a-t-il à donner pour s'inscrire en faux ?

318 | Voudra-t-il n'accorder qu'un seul[4] de ces récits pour vraisemblable ? Quel aveu capital et quelle perspective de conséquences étonnantes, si l'on pouvait présupposer qu'*un seul* de ces faits soit garanti ! Sans doute reste-t-il un troisième parti : ne point se mêler de ces questions aventureuses ou frivoles et s'en tenir à l'*utile*. Mais, étant raisonnable, cet avis fut toujours, chez les savants sérieux, rejeté à la majorité des voix.

Comme il y a autant de sotte prévention à ne *rien* croire et sans raison, dans quantité de récits pourvus de quelque semblant de vérité, qu'à *tout* croire sans examen de ce que dit la rumeur publique, l'auteur de ces lignes pour échapper au premier de ces préjugés s'est en partie laissé entraîner au second. Il confesse un peu humilié, qu'il a été assez naïf pour chercher si certains de ces récits étaient vrais. Il a trouvé… eh bien, ce que l'on trouve d'ordinaire là où il n'y a rien à chercher, c'est-à-dire qu'il n'a rien trouvé. C'était déjà une raison suffisante pour écrire un livre ; or il s'y ajoutait cette chose qui tant de fois extorqua des livres aux auteurs timides, c'était l'insistance véhémente d'amis connus ou inconnus. Qui plus est il y avait l'achat d'un gros ouvrage, et ce qui est pire encore la peine de l'avoir lu, peine qu'il ne fallait pas perdre. C'est de là qu'est né le présent mémoire, dont on se flatte qu'il donnera au lecteur les pleines satisfactions conformes à la nature du problème : celles de n'en pas comprendre la partie essentielle, de n'en pas croire l'autre, et de se moquer du reste.

PREMIÈRE PARTIE

QUI EST DOGMATIQUE

UN NŒUD MÉTAPHYSIQUE EMBROUILLÉ
QUE L'ON PEUT AU CHOIX
DÉFAIRE OU TRANCHER [1]

| Si, relativement aux esprits, on fait la somme de ce que **319** l'écolier débite, que la foule raconte, que le philosophe démontre, cette part de notre savoir ne paraîtra pas mince. J'ose prétendre néanmoins que s'il venait à quelqu'un l'idée de s'arrêter un peu à demander quel est au juste ce genre de chose qu'on croit si bien comprendre sous le terme d'*esprit*, il mettrait au comble de la gêne tous ces gens qui en savent si long. Le verbiage méthodique des universités n'est souvent qu'une complicité, devant une question difficile à résoudre, pour l'escamoter grâce à des mots ambigus, les Académies ayant peine à entendre le *je ne sais*[2], pourtant commode et le plus souvent raisonnable. Certains modernes qui aiment à se faire appeler sages[3] en ont bien vite fini avec cette question. Un esprit, disent-ils, c'est un être pourvu de raison. Ainsi, nul don

miraculeux dans le fait de voir des esprits : qui voit des hommes voit des êtres pourvus de raison. Seulement, ajoutent-ils, cet être qui en l'homme est pourvu de raison n'est qu'une partie de l'homme, et cette partie, celle qui l'anime, est un esprit. Eh bien donc, avant de prouver que seul un être spirituel peut être pourvu de raison, tâchez d'abord de me faire comprendre quel genre d'idée je dois me faire d'un être spirituel. Cette illusion faite à soi-même a beau être assez grossière pour se remarquer les yeux mi-clos, on comprend bien **320** ce qui l'amène. | Car ce dont on sait tant de choses de si bonne heure dès l'enfance, dans la suite, l'âge venu, on est certain de n'en rien savoir, et l'adulte réfléchi en arrive à un point où il ne peut faire plus que d'être le sophiste de sa chimère juvénile.

Je ne sais, donc, s'il y a des esprits ; davantage : je ne sais pas même quel est le sens du mot *esprit*. Pourtant, puisque tant de fois je l'ai employé moi-même ou que d'autres l'ont fait devant moi il faut bien qu'on entende sous ce nom quelque chose, que cette chose soit d'ailleurs fantôme ou réalité. Pour démêler le secret de cette signification je prendrai ce concept mal compris dans tous les cas où il s'applique et par le relevé de ceux où il convient et où il choque, j'espère dégager son sens qui y est caché*.

---

*Si le concept d'esprit était abstrait de nos notions proprement expérimentales, la méthode pour le rendre distinct serait aisée, puisqu'il suffirait d'énoncer les caractères que nos sens nous manifesteraient pour cette sorte d'êtres et par lesquels nous les distinguons des choses matérielles. Mais on parle d'esprits alors même que l'on doute de l'existence de pareils êtres. Le concept d'une nature spirituelle ne saurait donc être tenu pour abstrait de l'expérience. Demanderez-vous alors comment on est parvenu à ce concept si ce n'est par abstraction ? Je réponds que beaucoup de concepts proviennent d'inférences clandestines et obscures à l'occasion d'expériences et se propagent de celles-ci à d'autres, sans que l'on sache quelle expérience ou

Prenez, par hypothèse, un espace d'un pied cube et supposez qu'il y a quelque chose qui le remplit, c'est-à-dire qui s'oppose à la pénétration de toutes les autres choses : personne n'appellera *spirituel* l'être ayant dans l'espace cette présence-là. On l'appellerait évidemment *matériel*, parce qu'il est étendu, impénétrable et soumis comme tout ce qui est corporel à la divisibilité et aux lois du choc. Jusque-là nous restons sur la voie frayée par d'autres philosophes. Mais concevez un être simple et accordez-lui en même temps de la raison ; aurez-vous là de quoi remplir exactement la signification du mot *esprit* ? Pour le savoir, laissant de côté la | raison **321** comme propriété *interne* de l'être simple considéré je vais pour le moment n'envisager celui-ci que dans ses rapports extérieurs. Et je pose alors la question : si je veux mettre cette substance simple dans cet espace d'un pied cube qui est plein de matière, faudra-t-il qu'un élément simple lui cède la place pour que cet esprit la remplisse ? Si oui, l'espace considéré, pour admettre un deuxième esprit, devra perdre une deuxième particule élémentaire, et si l'on continue, un espace d'un pied cube sera finalement rempli d'esprits, dont l'accumulation résistera aussi bien, par impénétrabilité, que s'il était plein de matière, et devra comme la matière être justiciable des lois du

quelle inférence faite sur elle a institué le concept. De tels concepts peuvent être appelés *subreptices*. Parmi eux il en est beaucoup qui ne sont, pour telle de leurs parties, qu'une chimère de l'imagination, tout en étant vrais pour telle autre, car même des inférences obscures ne sont pas toujours dans l'erreur. Le langage usuel ainsi que l'association entre une expression et différents récits où se retrouve constamment le même caractère essentiel donnent à cette expression un sens déterminé, qu'on ne saurait dégager, par suite, qu'en le tirant de sa cachette et de son obscurité par le rapprochement de tous les cas où elle s'emploie selon qu'ils lui correspondent ou qu'ils la contredisent.

choc. Or ces substances-là, quelque raison qu'elles renferment, ne seraient pas, du dehors, distinctes des éléments de la matière, sur le compte desquels on ne connaît non plus que les forces de leur présence extérieure, sans savoir du tout ce qui peut appartenir à leurs propriétés internes. Il est donc hors de doute que des substances simples qui seraient de nature à être mises en tas ne s'appelleraient pas des êtres spirituels. Et vous ne pourrez conserver le concept d'esprit que si vous concevez des êtres qui puissent être présents même dans un espace qui serait rempli de matière*, donc des êtres qui n'aient pas en eux la propriété d'être impénétrables et dont la réunion, en quelque nombre qu'on veuille, ne ferait jamais un tout solide. Des êtres simples de cette sorte s'appelleront immatériels et, s'ils ont la raison, esprits. Mais des substances simples dont la composition fournit une totalité impénétrable et étendue, s'appelleront unités matérielles, et leur tout s'appellera matière. Ou bien le nom d'esprit est dénué de sens, ou bien sa signification est celle que nous venons d'indiquer.

322 | Entre l'énoncé de ce que renferme le concept d'esprit et l'affirmation que de telles natures sont réelles ou seulement possibles, la distance est encore énorme. Dans les écrits des philosophes on trouve de très bonnes preuves, auxquelles on

---

* On voit facilement que je ne parle ici que d'esprits faisant partie du tout de l'univers, et non de l'esprit infini qui en est l'auteur et le conserve. Pour celui-ci en effet le concept de sa nature spirituelle est sans difficulté, parce qu'il est exclusivement négatif et consiste à nier de lui les propriétés de la matière, lesquelles répugnent à une substance infinie et absolument nécessaire. Au contraire dans le cas d'une substance spirituelle qui doit être unie à la matière, telle que l'âme humaine par exemple, la difficulté qui surgit est que je dois concevoir sa liaison réciproque avec des êtres corporels pour former avec eux un tout, et cependant exclure la seule sorte connue de lien qui ait lieu entre êtres matériels.

peut se fier, selon lesquelles tout ce qui pense est nécessairement simple ; que toute substance pensante raisonnable est une unité naturelle ; et que le moi indivisible ne peut être réparti à l'intérieur d'un tout formé de nombreuses choses reliées. Mon âme sera donc une substance simple. Mais cette preuve laisse encore indécise la question de savoir si elle est de celles dont la réunion dans l'espace fournit une totalité étendue et impénétrable, si par suite elle est matérielle, ou si elle est immatérielle et en conséquence est un esprit ; bien plus, cette preuve ne dit même pas si cette sorte d'êtres qu'on nomme *spirituels* est possible.

Ici je ne puis me dispenser de mettre en garde contre des décisions précipitées qui s'introduisent dans les questions les plus profondes et les plus obscures avec la dernière facilité. Ce qui appartient, en effet, aux notions de l'expérience commune, on estime communément que l'on en voit aussi la possibilité. Au contraire ce qui s'en écarte et que nulle expérience ne saurait faire comprendre, fût-ce seulement par analogie, il est certain qu'on ne peut s'en faire aucun concept, aussi est-il habituel qu'on se plaise à le rejeter immédiatement comme impossible. Toute matière résiste dans l'espace de sa présence et pour cette raison s'appelle impénétrable. Que cela se produise, l'expérience l'enseigne, et c'est l'abstraction opérée à partir de cette expérience qui crée en nous le concept général de matière. Mais cette résistance offerte par quelque chose dans l'espace de sa présence a beau être par là *connue*, elle n'est pas pour autant *conçue*. Car, comme toute réaction à une activité, elle est une vraie force, et puisque sa direction est opposée à celle qui oriente les lignes *d'approche*, elle est une force de *répulsion*, qu'il faut attribuer à la matière donc aussi à ses éléments. Toute personne raisonnable reconnaîtra bientôt que la connaissance humaine est ici à son terme. Car l'expérience (et elle seule) peut faire découvrir si des choses du monde que nous appelons *matérielles* possèdent une pareille force, mais jamais elle n'en fera concevoir la possibilité. Or si je pose maintenant des substances d'une autre sorte, qui soient présentes dans l'espace avec d'autres forces que cette **323** force *pulsive* dont procède l'impénétrabilité, | il est clair que je ne puis concevoir *in concreto* une activité de leur part n'ayant aucune analogie avec mes représentations empiriques ; et qu'en leur ôtant la propriété de *remplir* l'espace où elles agissent je me sépare d'un concept par l'aide duquel dans d'autres cas les choses qui tombent sous mes sens sont rendues pensables pour moi, et il ne peut manquer d'en résulter, en quelque sorte, de l'impensable. Mais ce qui empêche qu'on tienne cette lacune pour une preuve d'impossibilité c'est justement que son contraire n'est lui non plus jamais connu quant à sa possibilité, bien que sa réalité soit l'objet de nos sens.

On peut donc admettre la possibilité d'êtres immatériels sans crainte d'être réfuté, comme aussi sans espoir de pouvoir la prouver par des arguments rationnels. De telles natures spirituelles seraient présentes dans l'espace tout en le laissant néanmoins pénétrable aux êtres corporels, leur présence comportant sans doute une *activité* dans l'espace, mais non pas le *plein* de celui-ci, c'est-à-dire une résistance qui soit cause de solidité. Et si l'on prend l'une de ces substances spirituelles qui sont *simples*, on pourra dire sans préjudice de son indivisibilité que le lieu de sa présence immédiate n'est pas un point mais déjà un espace. Car, pour appeler à notre aide l'analogie, il faut nécessairement que même les éléments simples des corps occupent dans le corps chacun un petit espace qui soit une partie proportionnée de son étendue totale, les points n'étant pas des parties mais des limites de l'espace. Comme le remplissement de l'espace se fait par le moyen d'une force efficace (force de répulsion) et ne fait que dessiner le contour de son activité majeure sans désigner comme multitude les parties constituantes du sujet agissant, il ne contredit nullement la simplicité de ce sujet, bien que (mais cela va de soi) l'on ne puisse rien faire de plus pour en rendre distincte la possibilité, car cela n'a jamais lieu dans les rapports premiers entre les causes et les effets. Pareillement, je ne me heurterai (c'est même le moins que je puisse dire) à aucune impossibilité démontrable si je maintiens (quoiqu'en elle-même la chose demeure inconcevable) qu'une substance spirituelle, toute simple qu'elle est, *occupe* un espace (c'est-à-dire peut agir immédiatement en lui) sans le *remplir* (c'est-à-dire sans y exercer de résistance à des substances matérielles). Ajoutons qu'une telle substance immatérielle ne devrait pas plus être appelée étendue que les unités de matière ne sont appelées ainsi : car il n'y a d'*étendu* que ce qui occupe un espace lorsqu'on l'a séparé de tout et qu'il existe *pour soi* seul ; | or les **324** substances qui sont éléments de la matière n'occupent un espace que par leur action *externe* sur d'autres éléments, alors que par elles-mêmes et individuellement elles n'en contiennent aucun tant qu'on ne conçoit pas d'autres choses qui soient en liaison avec elles, vu qu'en elles-mêmes non plus il ne se trouve rien qui soit juxtaposé. C'est vrai des éléments corporels. Ce le serait aussi des natures spirituelles. Les limites de l'extension déterminent la figure. On ne saurait donc penser qu'elles aient une figure. Voilà des raisons difficiles à saisir pour la possibilité présumée d'êtres immatériels dans l'univers. Si quelqu'un est en possession de moyens plus faciles conduisant à cette connaissance, qu'il ne refuse pas d'instruire un ami du savoir, aux yeux duquel souvent, dans le progrès de sa recherche, des Alpes s'élèvent là où d'autres voient devant eux un sentier uni et commode sur lequel ils avancent ou croient avancer.

Et maintenant, à supposer que l'on ait prouvé que l'âme de l'homme soit un esprit (quoique ce qui précède fasse voir qu'une telle preuve n'a encore jamais été faite) la première question que l'on pourrait poser serait à peu près celle-ci : *où* est le lieu de cette âme humaine dans le monde corporel ? Je répondrais : ce corps dont les changements sont *les miens* est *mon* corps, et son lieu est aussi *le mien*. Si l'on demandait ensuite : *où* donc est dans ce corps *ton* lieu (celui de l'âme), alors je soupçonnerais quelque chose d'insidieux dans cette question. Car on remarque aisément qu'elle suppose déjà quelque chose qui n'est pas connu par expérience mais qui repose peut-être sur des inférences imaginaires, à savoir que mon moi pensant est dans un lieu distinct des lieux d'autres parties de ce corps qui appartient à mon moi. Or nul n'a de conscience immédiate d'un lieu privilégié dans son corps, mais seulement du lieu qu'il occupe en tant qu'homme par rapport au monde qui l'entoure. Aussi pour m'en tenir à l'expérience commune dirais-je provisoirement : *où* je sens[4], c'est là que je *suis*. Je ne suis pas moins immédiatement au bout de mes doigts que dans ma tête. C'est moi-même qui ai mal au talon et dont le cœur bat dans l'émotion. Quand mon cor au pied me tourmente, ce n'est pas dans un nerf cérébral que je sens l'impression douloureuse mais c'est au bout de mes orteils. Nulle expérience ne m'enseigne à tenir pour éloignées de moi certaines parties de ma sensation, et à barricader mon moi indivisible dans un petit coin microscopique du cerveau, **325** | d'où il ferait mouvoir le levier de ma machine corporelle et où il serait lui-même touché par lui. C'est pourquoi j'exigerais une preuve rigoureuse pour trouver absurde ce que disaient les scolastiques : « mon âme est tout entière dans mon corps tout entier et tout entière dans chacune de ses parties[5] ». Le bon sens aperçoit souvent la vérité avant de voir les raisons permettant de la prouver ou de l'élucider. Je ne serais pas non plus tout à fait désorienté par l'objection, si l'on me disait que par cette voie j'envisage l'âme comme étendue et répandue par tout le corps, à peu près comme elle est dépeinte aux enfants dans le « Monde en illustrations[6] ». Car je balaierais cet obstacle en observant que la présence immédiate dans la totalité d'un espace prouve uniquement une sphère d'activité externe et non une multiplicité de parties internes ni par conséquent une étendue ou figure[7], vu qu'il n'en existe que si dans un être *pris en lui-même* il y a espace, autrement dit si l'on y trouve des parties extérieures les unes aux autres. En fin de compte ou bien je saurais ce peu de choses sur la nature spirituelle de mon âme, ou bien si on ne me l'accordait pas je me contenterais encore de n'en rien savoir du tout.

Si l'on reprochait à ces pensées d'être inconcevables ou bien, ce qui revient au même pour la plupart des gens, d'être impossibles, je laisserais dire également. Puis je me mettrais aux pieds de ces sages pour les entendre tenir ce discours : l'âme de l'homme a son siège dans le cerveau, un endroit d'une petitesse indescriptible y est sa demeure[*]. C'est là qu'elle sent,

---

[*] On a des exemples de lésions ayant causé la perte d'une bonne partie du cerveau sans qu'il en ait coûté à l'homme la vie ou la pensée. Suivant la représentation habituelle, qu'ici j'expose, il suffirait d'en avoir enlevé ou changé de place un atome[8] pour que sur-le-champ l'homme rendît l'âme. L'opinion dominante, tendant à assigner à l'âme une place dans le cerveau, paraît devoir son origine principalement à ce fait que dans la méditation énergique on sent nettement la tension des nerfs du cerveau. Mais si cette inférence était juste elle prouverait aussi, pour l'âme, d'autres lieux. Dans l'anxiété ou dans la joie l'impression ressentie paraît avoir son siège dans le cœur. Un grand nombre sinon la plupart des chocs émotionnels font voir dans le

326 ainsi que l'araignée au | centre de sa toile. Les nerfs du cerveau la heurtent ou l'ébranlent mais le résultat est qu'au lieu de cette impression immédiate, c'est celle qui se produit dans des parties lointaines du corps qui est représentée sous la forme d'un objet présent en dehors du cerveau. Depuis cette résidence, elle remue aussi les cordages et leviers de la machine entière et provoque à son gré des mouvements volontaires. Il n'y a que des preuves superficielles, ou bien pas de preuve du tout, pour cette sorte de propositions, et du fait que la nature de l'âme n'est pas suffisamment connue dans son principe, il n'y en a non plus que des réfutations faibles. Donc je n'aurais garde d'entrer dans aucune de ces querelles d'écoles où d'ordinaire les deux parties ont justement le plus à dire quand elles ne comprennent rien du tout à leur objet ; loin de là, je m'en tiendrais strictement aux conclusions auxquelles une théorie de cette espèce peut me conduire. Or comme dans les thèses

diaphragme leur force principale. La compassion remue les entrailles et d'autres instincts font voir leur origine et leur point sensible en d'autres organes. La cause qui fait que l'on croit sentir l'âme *pensante* principalement dans le cerveau est peut-être celle-ci : tout effort de réflexion requiert la médiation des *signes* en faveur des idées que l'on veut évoquer pour qu'elles reçoivent de leur compagnie et de leur soutien le degré de clarté nécessaire ; or les signes de nos représentations sont principalement de nature à être reçus par l'ouïe ou par la vision, deux sens que les impressions du cerveau mettent en branle, du fait que leurs organes sont tout proches de lui. Or si l'évocation de ces signes appelés par Descartes *ideae materiales*[9] consiste proprement à exciter dans les nerfs un mouvement analogue à celui que la sensation produit antérieurement, le tissu du cerveau dans sa méditation sera contraint essentiellement à vibrer en harmonie avec des impressions antérieures, d'où une fatigue pour lui. En effet lorsque la pensée est en même temps passionnée, on ne ressent pas seulement les efforts du cerveau mais aussi les assauts des parties irritables qui à d'autres endroits se trouvent en sympathie avec les représentations l'âme transportée de passions.

que l'on m'aurait recommandées, mon âme, quant à la façon
dont elle est présente dans l'espace, ne se distinguerait pas
d'un quelconque élément de la matière, et comme la faculté
d'entendement est une propriété interne que je ne pourrais
vraiment pas percevoir dans les éléments de la matière, même
si elle se trouvait dans tous, il n'y aurait pas de raison valable
qu'on puisse donner pour que mon âme ne fût pas l'une de ces
substances constitutives de la matière et que ses manifesta-
tions propres ne proviennent pas uniquement du lieu qu'elle
occupe[10] dans l'ingénieuse machine du corps humain, à
l'endroit où la jonction des nerfs fonde l'aptitude interne de la
pensée et du vouloir. Mais alors on ne connaîtrait plus en
toute sécurité de marque propre à l'âme qui la distingue des
principes bruts de la nature corporelle, | et l'idée plaisante de **327**
Leibniz selon laquelle nous avalerions peut-être avec le café
des atomes promis à devenir des âmes humaines ne serait plus
une idée pour rire[11]. Mais dans ce cas, ce moi pensant ne serait-
il pas soumis à la commune destinée des natures matérielles et,
du moment qu'il fut tiré par le hasard du chaos de tous les
éléments pour donner vie à une machine animale, pourquoi
n'y retournerait-il pas dans l'avenir, une fois terminée cette
association fortuite ? Il est nécessaire parfois d'alarmer par
les conséquences le penseur qui fait fausse route, pour qu'il
devienne plus attentif aux principes par lesquels il s'est,
comme en un rêve, laissé conduire.

J'avoue que j'ai beaucoup de penchant à affirmer
l'existence de natures immatérielles dans le monde et même à
ranger mon âme dans la classe de ces êtres*. Mais alors quel

---

*La raison que j'ai de le faire, tout en me paraissant à moi-même très
obscure et vraisemblablement destinée à le rester, concerne aussi l'être sentant

mystère que la communauté entre une âme et un corps ! Et
cependant, n'est-ce pas naturel que cette communauté soit
inintelligible, vu que nos concepts d'actions extérieures ont été
tirés par abstraction des actions de la matière et qu'ils sont
indissociables des conditions de la pression ou du choc, lesquelles n'ont pas de place ici ? Car enfin comment une substance immatérielle pourrait-elle rencontrer la matière sur sa
route pour faire que dans son mouvement celle-ci heurtât un
esprit ? Et comment des choses corporelles peuvent-elles agir

328 sur un autre être qui ne leur oppose pas l'impénétrabilité, | ou
qui ne les empêche en aucune manière de se trouver elles aussi
dans le même espace où il est présent ? Il semble qu'un être
spirituel soit intimement présent à la matière avec laquelle il
est lié et qu'il agisse, non sur les forces par lesquelles les éléments sont en relations réciproques, mais sur le principe intérieur de leur état. Car il faut bien que toute substance, fût-elle
un élément simple de la matière, ait quelque activité interne
pour principe de l'efficacité externe, quoique je ne puisse

des animaux. Ce qui dans le monde renferme un principe de vie paraît de nature
immatérielle. Car toute vie repose sur le pouvoir interne de se déterminer soi-
même selon son libre choix. Au contraire l'attribut essentiel de la matière
consiste à remplir l'espace par une force nécessaire bornée par une réaction
externe ; aussi l'état de tout ce qui est matériel est-il *conditionné* du dehors et
contraint ; mais les natures qui sont *d'elles-mêmes actives*, et qui doivent en
vertu de leur force intérieure contenir activement le principe de la vie, bref
celles dont le libre choix est en mesure de se déterminer et de se modifier par lui-
même, ont peu de chances d'être de nature matérielle. On ne peut
raisonnablement demander qu'une sorte d'êtres aussi inconnue, sur laquelle
nous n'avons presque que des hypothèses, soit conçue jusqu'au cœur de sa
subdivision en ses différentes espèces ; du moins ces êtres immatériels qui renferment le principe de la vie animale sont-ils distincts de ceux qui comprennent
la raison dans leur activité propre et qui sont appelés des esprits.

indiquer en quoi consiste cette activité*. De plus, selon de tels principes, l'âme connaîtrait par intuition, dans ces déterminations internes prises comme effets, l'état de l'univers qui en est la cause. Mais pour ce qui est de savoir quelle nécessité fait qu'un esprit et un corps forment ensemble un seul être et, dans certaines lésions, quelles raisons à leur tour détruisent cette unité, ces questions jointes à plusieurs autres dépassent de loin mon intelligence ; et si je n'ai pas l'arrogance voulue pour mesurer ma faculté d'entendement aux mystères de la nature, j'ai du moins assez d'assurance pour ne craindre aucun adversaire, si terribles que soient ses armes (à supposer que d'ailleurs j'aie quelque envie de me battre) et pour faire sur ce point dans une *réfutation* [12] l'essai des principes opposés, en quoi consiste proprement, chez les savants, l'habileté pour se démontrer les uns aux autres leur ignorance.

---

* Leibniz disait que ce principe interne de tous les rapports extérieurs et de leurs changements était une *force représentative*, et des philosophes plus récents accueillirent avec hilarité cette pensée inachevée. Mais ils n'auraient pas mal fait de se demander auparavant si une substance telle qu'est une partie simple de la matière est possible sans aucun état intérieur ; et à moins de vouloir éliminer celui-ci ils auraient eu à inventer quelque autre état interne possible que celui des représentations et des activités qui en dépendent. Chacun voit de lui-même que même si l'on accorde aux parties de la matière simples et élémentaires une faculté de représentations obscures, il n'en résulte pas encore pour la matière une force représentative, parce qu'une pluralité de substances d'une telle sorte, liées en un tout, ne peut pourtant en aucun cas constituer une unité pensante.

FRAGMENT DE PHILOSOPHIE OCCULTE AYANT POUR FIN D'ENTRER EN COMMUNICATION AVEC LE MONDE DES ESPRITS

| Venant d'accoutumer l'entendement grossier, englué **329** dans les sens externes, à de plus hautes notions abstraites, l'initié peut désormais voir des formes spirituelles dépouillées de vêtement corporel dans cette lueur crépusculaire que le pâle flambeau de la métaphysique répand sur l'empire des ombres. Puisque nous en avons fini de ces ennuyeux préparatifs, hasardons-nous maintenant sur la voie des périls.

> *Ibant obscuri sola sub nocte per umbras,*
> *Perque domos Ditis vacuas et inania regna.*
> Virgile [1]

La matière *morte* qui remplit l'espace cosmique a pour régime (conforme à sa nature propre) l'inertie et la persistance dans l'identité de son état [2], elle a solidité, extension et figure, et du fait de tels fondements les phénomènes qui sont les siens admettent une explication qui est *physique*, mais qui est de plus mathématique, d'où son nom de *mécanique* pour les deux réunis. Si d'un autre côté on porte son attention sur cette sorte d'êtres qui dans l'ensemble du monde renferment le principe de la *vie* et par là ne se prêtent ni à être ajoutés comme parties constituantes à la somme et à l'étendue de la matière inanimée, ni à être affectés par elle selon les lois du contact et du choc, mais par contre s'animent d'eux-mêmes par une activité interne et animent par-dessus le marché la matière morte de la nature, on se trouvera persuadé, sinon par la clarté d'une démonstration du moins par le pressentiment d'une intelligence exercée, de l'existence d'êtres immatériels dont les lois spéciales d'action sont *pneumatiques*[3], et seront appelées *organiques* dans la mesure où leurs effets passent dans le monde de la matière par la médiation des êtres corporels. Vu que ces êtres immatériels sont des principes spontanés, donc des substances et des natures qui existent pour elles-mêmes, la première conséquence à laquelle on arrive est qu'à eux tous ils pourraient bien par une union immédiate constituer peut-être un grand Tout qu'on pourra appeler le monde immatériel (*mundus intelligibilis*). Car enfin sur quoi se fonderait la

330 vraisemblance d'une thèse | qui prétendrait que de tels êtres dont les natures sont pareilles ne puissent former de communauté que par l'intermédiaire d'autres êtres différemment constitués (qui seraient des choses matérielles), ceci étant encore plus obscur que cela[4] ?

Donc ce *monde immatériel* peut être considéré comme un Tout existant en soi dont les parties forment entre elles une liaison réciproque et une communauté, même en l'absence d'une médiation venant de choses corporelles, de sorte que ce dernier rapport est contingent et ne saurait échoir en partage qu'à quelques-unes et que, plus encore, là où il se rencontre il n'empêche pas pour autant les êtres immatériels agissant les uns sur les autres par la médiation de la matière d'avoir en dehors de ce lien et en permanence leur lien propre, ni d'exercer toujours entre eux au titre d'êtres immatériels des influences réciproques ; en sorte que le rapport qu'ils ont par le moyen de la matière n'est que contingent et repose sur une disposition divine particulière, l'autre rapport au contraire étant naturel et indissoluble.

Cette façon d'additionner tous les principes de vie qui sont dans la nature entière comme autant de substances incorporelles formant ensemble une communauté, certaines étant de plus unies à la matière, revient à concevoir un grand Tout du monde immatériel, une gradation immense mais pour nous inconnue d'êtres et de natures actives, qui sont les seuls à vivifier la matière morte du monde des corps. Mais, des membres de la nature, quels sont ceux jusqu'auxquels la vie s'étend et quels sont les degrés de la vie qui confinent à son entière suppression, peut-être sera-t-il impossible d'en décider jamais d'une façon certaine. L'*hylozoïsme* anime tout, le *matérialisme* au contraire tue tout si l'on y regarde bien. Maupertuis accordait le plus bas degré de la vie aux particules nutritives[5] composant les organes de tous les animaux ; d'autres philosophes n'y voient que des agrégats morts ne servant qu'à accroître les leviers articulés des machines animales. Le signe incontesté de la vie dans ce qui tombe sous nos sens externes est sans doute le libre mouvement sur lequel l'origine volontaire est visible ; mais il n'est pas prudent de conclure qu'il n'y ait aucun degré de la vie là où ce signe nous échappe. Boerhaave dit quelque part : *l'animal est une plante qui a ses racines dans l'estomac* (à l'intérieur). Peut-être un autre pourrait-il dire en jouant des mêmes concepts, sans être blâmé lui non plus : *la plante est un animal qui a son estomac dans la*

racine (vers l'extérieur)[6]. C'est dire que les organes du
331 | mouvement volontaire et avec eux les signes extérieurs de la
vie peuvent faire défaut aux plantes, et qu'ils sont nécessaires
pourtant aux animaux, car un être dont les instruments de sa
nutrition sont internes doit forcément pouvoir se déplacer lui-
même conformément à son besoin, mais celui pour lequel
ils s'enfoncent au dehors dans son milieu alimentaire reçoit
des forces extérieures un soutien déjà suffisant et, tout en déte-
nant le principe d'une vie interne qui est végétation, n'a que
faire d'une structure organique destinée à l'activité extérieure
volontaire. À tout cela pourtant je ne veux rien devoir pour
mon argumentation : car sans compter que j'aurais très peu de
chose à dire en faveur de ces conjectures, elles ont contre
elles les sarcasmes qui sont ceux de la mode envers les poussié-
reux caprices d'autrefois. C'étaient en effet les Anciens qui
se croyaient en droit d'admettre trois espèces de vie : les
vies *végétative, animale,* et *raisonnable.* Quand ils réunis-
saient dans l'homme les trois principes immatériels de ces
vies, il se peut bien qu'ils aient eu tort[7] ; il reste, malgré ce,
qu'en les distribuant entre les trois genres de créatures qui
croissent et engendrent leur semblable, ce qu'ils disaient d'in-
démontrable n'était pas une absurdité : surtout aux yeux de
celui qui voudrait tenir compte de la vie particulière des parties
séparées de certains animaux ; de l'irritabilité, cette propriété
aussi prouvée qu'inexplicable des fibres du corps animal et
de certains végétaux ; et enfin de l'étroite parenté qu'il y a
entre les végétaux et les polypes ou d'autres zoophytes. Au
demeurant, le fait d'invoquer des principes immatériels est un
refuge de la philosophie paresseuse, aussi faut-il dans toute la
mesure du possible éviter l'emploi de ce style dans les modes
d'explication, afin que les causes données aux phénomènes du
monde à partir des lois du mouvement de la matière pure et

simple, les seules qui soient intelligibles, soient reconnues dans toute leur extension. Et pourtant, je suis convaincu que Stahl qui aime expliquer d'un point de vue organique les changements dans l'animal, est souvent plus près de la vérité qu'Hofmann, Boerhaave et consorts, lesquels mettent de côté les forces immatérielles et s'en tiennent aux causes mécaniques, en quoi ils suivent une méthode plus philosophique, en défaut sans doute çà et là, mais le plus souvent confirmée, et seule profitable à la science, au lieu que, dans l'autre parti, quant à l'influence des êtres de nature incorporelle, tout ce qu'on peut en connaître est le fait qu'elle existe, mais jamais comment elle s'exerce ni jusqu'où va son efficace [8].

| Ainsi le monde immatériel engloberait d'abord toutes les **332** intelligences créées, dont quelques-unes (et d'autres non) sont reliées à la matière dans l'unité d'une personne, ensuite les sujets sentants de toutes les espèces animales et enfin tous les principes de vie qui peuvent se trouver encore dans la nature, même si c'est une vie qui ne se traduit pas par des signes extérieurs de mouvement volontaire. Toutes ces natures immatérielles, donc, qu'elles exercent ou non leurs influences dans le monde des corps, tous les êtres raisonnables pour lesquels l'animalité n'est qu'une manière d'être contingente, que ce soit ici sur terre ou ailleurs dans le ciel, qu'ils animent actuellement la rudesse de la matière, qu'ils aient à le faire plus tard ou qu'ils l'aient déjà fait, tous d'après cette conception formeraient une communauté correspondant à leur nature, indépendante des conditions qui restreignent les relations entre les corps, et faisant évanouir cette distance des lieux ou des époques qui constitue dans le monde visible le grand hiatus fatal pour toute communauté. Par suite l'âme humaine devrait être considérée comme rattachée dès la vie présente aux deux mondes à la fois [9], desquels, en tant qu'elle est liée à un corps

dans l'unité d'une personne, elle ne ressent clairement que le monde matériel, tandis que comme partie du monde des esprits, elle reçoit et renvoie les influences pures des natures immatérielles, en sorte que sitôt terminée la première de ces deux liaisons, la communauté permanente qu'elle forme avec les natures spirituelles est la seule qui demeure et s'impose forcément à la claire vision de sa conscience*.

333 | J'ai de plus en plus de mal à continuer de tenir le langage prudent de la raison. Je ne vois pas pourquoi je n'aurais pas moi aussi le droit de prendre le ton académique, lui qui est plus péremptoire et dispense l'auteur autant que le lecteur de la réflexion qui ne peut manquer de les amener tôt ou tard aux désagréments de l'indécision. Il est (dirai-je alors) pratiquement démontré, ou il pourrait l'être sans peine si l'on ne craignait pas les longueurs, mieux encore : je ne sais où ni quand, mais un jour il sera démontré que même en cette vie

---

* Quand on parle du ciel au sens de résidence des bienheureux défunts, la représentation commune se plaît à le situer au-dessus d'elle, haut dans l'immensité de l'espace cosmique. Mais on ne prend pas garde à ceci que notre terre, vue de ces régions-là apparaît elle aussi comme une des étoiles du ciel, et que les habitants d'autres mondes pourraient avec le même droit nous désigner au loin et dire : voilà le séjour des éternelles joies, voilà la demeure céleste prête à nous recevoir un jour. Cela, parce qu'une rêverie bizarre fait que l'envol de l'espérance est toujours associé à l'idée d'ascension, oubliant que si haut que l'on se soit élevé il faut pourtant que l'on retombe si la question se pose de prendre pied sur un autre monde. Mais selon les conceptions que nous rapportons ici le ciel serait proprement le monde des esprits, ou si l'on y tient, la partie bienheureuse de ce monde-là, et il n'y aurait lieu de le chercher ni au-dessus ni au-dessous de soi, parce qu'un tel Tout immatériel ne saurait être représenté en termes de distance ou de proximité par rapport aux choses corporelles, mais seulement à travers les liens spirituels réciproques entre ses parties, et qu'en tout cas ceux qui en sont membres n'ont conscience d'eux-mêmes qu'en fonction de ces rapports.

l'âme humaine forme une communauté aux liens indissolubles avec toutes les natures immatérielles du monde des esprits ; qu'à tour de rôle elle agit sur elles et reçoit d'elles des impressions, dont elle n'a pas conscience à titre d'être humain, aussi longtemps du moins que tout va bien pour elle[10]. Quant aux natures spirituelles, il est probable également que sans médiation elles ne peuvent, de leur côté, avoir du monde corporel aucune impression sensible qui soit consciente, faute d'être liées à une portion de matière dans l'unité d'une personne et de pouvoir l'utiliser pour prendre conscience de leur lieu dans le Tout du monde matériel, et faute d'organes artificiels pour prendre conscience du rapport des êtres étendus soit avec elles soit entre eux ; que toutefois elles peuvent influer sur les âmes des humains par l'identité de leur nature, et qu'effectivement elles forment en permanence une communauté réciproque avec elles, sous cette réserve concernant l'échange des représentations, que celles que l'âme détient en vertu de sa dépendance avec le monde corporel ne peuvent parvenir aux êtres spirituels de l'autre sorte (non plus que les notions propres à ces derniers, qui représentent intuitivement des choses immatérielles, ne peuvent parvenir à la claire conscience des hommes) du moins sous leur forme véritable, les deux sortes d'idées n'ayant pas la même espèce de matériaux.

La belle chose que ce serait si un système du monde des esprits, du genre de celui que nous présentons, pouvait être conclu ou même seulement conjecturé avec vraisemblance, et sur une base qui ne fût pas simplement le concept de nature spirituelle en général, car il est trop hypothétique, mais quelque observation réelle, reconnue universellement ! Par

conséquent* c'est un pari sur l'indulgence du lecteur, que
d'insérer ici un essai de cet ordre, qui se tient certes un peu en
334 dehors de ma route et aussi | très loin de l'évidence, mais n'en
semble pas moins appeler des conjectures qui ne sont pas sans
agrément.

* * *

Au nombre des puissances qui meuvent le cœur humain,
quelques-unes des plus vigoureuses paraissent résider hors de
lui, en ce sens que loin de concerner à titre de simples moyens
ces fins *intérieures* à l'homme que sont l'intérêt particulier et
le besoin individuel, elles font que les tendances de nos activités reportent *hors de nous*, dans d'autres êtres raisonnables,
le foyer où elles se rejoignent ; d'où un conflit de deux
puissances, le particularisme rapportant tout à soi, et le sens du
bien commun qui pousse ou qui attire l'âme hors d'elle-même
vers autrui. Je ne m'étendrai pas sur l'inclination qui nous fait
prendre à cœur le jugement des autres avec tant de force et de
constance, et estimer leur accord ou leur approbation comme
tellement indispensable pour compléter le nôtre à nos propres
yeux ; elle a beau quelquefois se faire mal comprendre et servir
la vanité**, c'est pourtant sa trace cachée qu'on devine quand
l'âme, fût-elle la plus sincère et la plus désintéressée, compare
au jugement d'autrui ce qu'elle reconnaît comme *bon* ou
comme *vrai* en elle-même en vue d'accorder les deux choses,
et de même quand pour ainsi dire nous retenons en arrière toute
âme humaine qui, dans sa marche au savoir, nous paraît suivre
un sentier différent de celui que nous avons pris : tout cela

---

* Sous-entendu : puisque je n'ai rien d'autre à ma disposition que ce qui est
insuffisant (N.d.T.).

** L'attention au regard d'autrui n'est pas forcément altruiste (N.d.T.).

pourrait bien procéder du sentiment de la dépendance de notre jugement personnel envers *l'entendement humain universel*, et nous permettrait de conférer au Tout des substances pensantes une sorte d'unité de raison.

Je saute par-dessus cette considération bien qu'elle ne soit pas sans importance, et je m'attacherai pour l'instant à une autre, plus éclairante et de plus de portée relativement à notre propos. Lorsque nous prenons nos besoins pour mesure des choses du dehors, nous ne pouvons le faire sans qu'au même moment nous éprouvions que nous sommes retenus et arrêtés par une certaine sensation, grâce à laquelle nous observons qu'une volonté étrangère agit pour ainsi dire en nous, et que notre bon plaisir exige pour condition un assentiment extérieur. Une secrète force nous contraint de régler notre dessein sur l'intérêt d'autrui, ou sur une volonté qui nous est étrangère, bien que souvent cela nous soit désagréable et contrarie énergiquement les penchants intéressés ; ce n'est donc pas tout bonnement en nous qu'est le point | de concours des lignes **335** directrices de nos impulsions, mais il y a hors de nous, dans le vouloir d'autrui, des forces qui elles aussi nous meuvent. Elles sont l'origine des tendances morales qui souvent nous entraînent malgré notre intérêt particulier, de la puissante loi d'obligation, et de la loi de bonté, plus fragile, qui toutes deux obtiennent de nous tant de sacrifices et qui, même dominées comme c'est le cas de temps en temps par des inclinations égoïstes, ne manquent pourtant pas de montrer leur existence, en quelque partie que ce soit de l'humanité. Voilà comment nous nous voyons, dans nos mobiles les plus secrets, dépendre de la *règle de la volonté universelle*, et voilà d'où provient dans le monde de toutes les natures pensantes une *unité morale* et un ordre systématique fondé sur des lois purement spirituelles. Donner le nom de *sentiment moral* à cette nécessité, intérieurement sentie, de conformer notre vouloir à la volonté universelle, ce n'est que désigner une manifestation de ce qui a lieu réellement en nous, sans se prononcer sur sa cause [11]. C'est ainsi que Newton appelait *gravitation* de la matière cette chose assurée qu'est la loi des efforts qu'elle fait pour le rapprochement de toutes ses parties, sans pour cela vouloir impliquer ses démonstrations mathématiques dans le désagrément des querelles philosophiques susceptibles de s'élever au sujet de la cause de cette gravitation. Pourtant, il n'avait pas de scrupule à la traiter comme un effet véritable d'une activité universelle de la matière sur elle-même, et c'est ensuite de cela qu'il lui donnait aussi le nom *d'attraction*. Cette manifestation des tendances morales dans les natures pensantes prises dans les rapports qu'elles ont réciproquement, ne serait-il pas possible de la représenter de même comme la conséquence d'une force vraiment active qu'ont les natures spirituelles d'influer les unes sur les autres ? De cette façon-là le sentiment moral serait la *sensation de cette dépendance* de la volonté individuelle envers la volonté générale, et proviendrait de l'action réciproque naturelle et universelle par quoi le monde immatériel conquiert son unité morale, en s'organisant en système de perfection spirituelle à partir des lois de cette interdépendance qui est la sienne. Si l'on accorde à de telles pensées suffisamment de vraisemblance pour qu'il vaille la peine d'en prendre la mesure d'après leurs conséquences, on sera peut-être insensiblement porté par leur attrait à quelque faveur à leur égard. Ici en effet la plupart des discordances paraissent s'évanouir, alors qu'elles sautent aux yeux d'une façon si choquante dans la contradiction qui existe ici sur terre entre les conditions de l'existence morale et de l'existence physique des

336 hommes. | Si la moralité des actions a jamais la plénitude de son effet, ce ne saurait être en vertu de l'ordre de la nature et dans la vie corporelle de l'homme, mais bien dans le monde des esprits et en vertu des lois pneumatiques. La vérité des intentions, les mobiles secrets d'un grand nombre d'efforts que l'impuissance a rendus stériles, la victoire sur soi-même, mais aussi quelquefois la malice cachée d'actions en apparence bonnes sont la plupart du temps dans l'état corporel privés de résultat physique ; au contraire, selon ces vues, ils devraient être considérés comme des principes féconds dans le monde immatériel, et à l'égard de celui-ci ils devraient exercer, ou inversement accueillir, en vertu de lois pneumatiques et en conséquence de la liaison entre le vouloir individuel et la vo-lonté universelle, c'est-à-dire de l'unité et de la totalité du monde spirituel, une influence correspondant à la disposition morale du libre arbitre. Car l'aspect moral de l'action, ayant trait à l'état intérieur de l'esprit, ne peut (et c'est bien naturel) avoir parallèlement les suites adéquates à l'entière moralité que dans la communauté immédiate des esprits. Il se produirait donc, en vertu de ces suites, que l'âme de l'homme dès la vie présente, occuperait nécessairement parmi les substances spi-rituelles de l'univers la place résultant de sa condition morale, tout comme les matières de l'espace cosmique se disposent respectivement, en vertu des lois du mouvement, dans un ordre conforme à leurs forces corporelles*. Une fois abolie par la mort la communauté de l'âme et du monde corporel, la vie dans

---

* On pourrait faire consister les actions réciproques de l'homme et du monde des esprits, telles que le principe de la moralité les suscite conformément aux lois de l'influence pneumatique, dans le fait de provoquer d'une façon naturelle une communauté plus étroite entre une âme bonne ou mauvaise et des esprits bons ou mauvais, les âmes s'alliant d'elles-mêmes à la partie de la république spirituelle correspondant à leur disposition morale, et assumant toutes les suites pouvant en résulter dans l'ordre de la nature.

l'autre monde ne serait qu'une continuation naturelle de l'union où elle s'était trouvée à son égard dès cette vie, et l'ensemble des suites de la moralité pratiquée ici-bas s'y retrouverait dans les effets qu'un être en communion indissoluble avec le monde des esprits y aurait d'avance provoqués en vertu des lois pneumatiques. Le présent et l'avenir seraient donc pour ainsi dire d'une seule pièce et constitueraient un **337** tout continu, sans sortir de *l'ordre | naturel*. Cette dernière circonstance est d'une importance singulière. Car dans une conjecture guidée par les seuls principes de la raison il y a beaucoup d'inconvénients à devoir se réfugier dans l'extraordinaire d'une volonté divine pour se tirer du mauvais pas où l'on s'est mis par l'insuffisance de l'accord entre la moralité et ses suites en ce monde ; en effet, quelque vraisemblable que puisse être le jugement que nous faisons de cette volonté en vertu de nos idées sur la sagesse divine, un doute sérieux demeure toujours : peut-être a-t-on mal fait d'étendre à l'Être Suprême les faibles notions de notre entendement, l'homme étant tenu de ne juger la volonté divine qu'à partir de la convenance qu'il perçoit réellement dans le monde, ou que la règle de l'analogie lui permet d'y conjecturer en suivant l'ordre de la nature, sans être autorisé à ériger en règle de la divine volonté les plans de sa propre sagesse pour inventer des arrangements, sans précédents et arbitraires, du monde présent ou futur.

***

C'est le moment de replacer notre méditation dans la voie qui était la sienne et de nous rapprocher du but que nous nous étions proposé. S'il en est du monde des esprits et de la part que notre âme y prend comme il est montré dans l'esquisse que nous venons de présenter, la plus grande surprise sera, ou peu s'en faut, que le commerce avec les esprits ne soit pas une chose tout à fait universelle et habituelle, et l'extraordinaire consistera davantage dans la rareté des apparitions que dans leur possibilité. Pourtant cette difficulté se résout assez bien, et même elle est déjà partiellement résolue. Car c'est tout autre chose, pour l'âme humaine, que de se représenter elle-même comme un esprit par une intuition immatérielle, en considérant ses rapports avec des êtres de même nature, et d'avoir conscience de soi-même en tant qu'être humain, par une image dont l'origine est dans les impressions des organes corporels, dont on ne voit de rapports qu'avec des choses matérielles. Certes, dans cette perspective, c'est un même sujet qui est membre simultanément du monde visible et de l'invisible, mais ce n'est pas la même personne, car les représentations de l'un de ces mondes, en vertu de leurs propriétés distinctives ne sont pas des idées qui accompagnent celles de l'autre et, par suite, ce que | je pense comme esprit je ne m'en souviens pas **338** en tant qu'homme, comme inversement mon état d'homme n'intervient pas du tout dans la représentation que j'ai de moi-même comme esprit. Que les représentations du monde des esprits soient au demeurant aussi claires et intuitives que l'on voudra*, cela même ne suffit pas pour que j'en aie conscience

* C'est une chose qu'on peut éclairer par une certaine manière de dualité de la personne dont l'âme fait l'épreuve, même dans la vie présente. Certains philosophes, voulant prouver la réalité des représentations obscures, croient pouvoir se référer à l'état de sommeil profond sans avoir d'objection à craindre, tout ce que l'on peut dire là-dessus avec certitude étant qu'à l'état de veille nous ne nous souvenons d'aucune des représentations que nous avons bien pu avoir dans notre sommeil profond ; or la seule chose qui en résulte, c'est qu'elles n'ont pas été clairement représentées au moment de notre réveil, mais non pas qu'elles étaient obscures à leur heure, quand nous dormions. Je croirais plutôt qu'elles ont pu être plus claires et plus étendues que les plus claires de l'état de

comme homme ; de la même manière que la représentation de soi-même (c'est-à-dire de l'âme) en qualité d'esprit s'obtient sans doute par inférences, mais sans être pour aucun homme une notion intuitive et une notion d'expérience.

Cette différence d'espèce entre les représentations spirituelles et celles qui relèvent de la vie corporelle de l'homme ne saurait toutefois être considérée comme un empêchement d'une grandeur suffisante pour que soit abolie toute possibilité de prendre quelquefois conscience, dès cette vie, des influences venant du monde des esprits. Sans doute celles-ci ne peuvent-elles pas passer immédiatement dans la conscience personnelle de l'homme, elles le peuvent cependant pourvu qu'elles suscitent, selon la loi de l'asso-**339** ciation des idées, | les images apparentées qui réveillent des représentations analogiques de nos sens, lesquelles symbolisent le concept spirituel qu'elles ne sont pas par elles-mêmes. Car enfin c'est la même substance qui est membre de ce monde

veille, car c'est à quoi il faut s'attendre de la part d'un être aussi actif que l'âme, dans le silence complet des sens externes ; mais, la sensation du corps de l'homme n'y ayant pas été englobée, il leur manque l'idée de ce corps pour les accompagner lors du réveil, elle qui pouvait contribuer à faire saisir l'état antérieur des pensées comme appartenant à une même personne. Les actions de quelques somnambules qui montrent parfois plus d'entendement dans cet état-là que dans aucun autre, sans en avoir aucun souvenir au réveil, confirment la possibilité de ce que je présume sur le sommeil profond. Au contraire, les rêves qui sont chez le dormeur des représentations dont il se souvient au réveil, ne se rapportent pas à cette conjecture. Car en eux le sommeil de l'homme n'est pas complet ; jusqu'à un certain point il sent avec clarté, et les opérations de son esprit s'entremêlent avec les impressions des sens extérieurs. De là vient qu'il se les rappelle ensuite partiellement, mais aussi qu'il ne trouve en eux que chimères barbares et ineptes, choses qu'ils sont condamnés à être par le fait qu'en eux les idées de la fantaisie et de la sensation extérieure se traversent mutuellement [12].

aussi bien que de l'autre, et les deux sortes de représentations, appartenant au même sujet, sont reliées les unes aux autres. Dans une certaine mesure nous pouvons faire comprendre cette possibilité en voyant comment les concepts les plus élevés de notre raison, qui se rapprochent assez des notions spirituelles, ont coutume, pourrait-on dire, d'adopter un vêtement corporel pour se présenter clairement. C'est ainsi que les attributs moraux de la divinité sont représentés comme colère, comme jalousie, comme miséricorde, comme vengeance, etc.; que les poètes personnifient vertus et vices, ou autres qualités naturelles, tout en laissant la véritable idée de l'entendement se faire jour au travers; et que le géomètre figure le temps par une ligne, quoique l'espace et le temps ne concordent que dans des rapports, donc par analogie, sans que leurs qualités coïncident jamais; que la représentation de l'éternité divine revêt même chez les philosophes l'apparence d'un temps infini, quelque attentif que l'on soit à ne pas les confondre, et une raison importante du fait que les mathématiciens ne sont pas d'ordinaires partisans d'admettre les monades de Leibniz, est bel et bien qu'ils ne peuvent pas s'empêcher de se les représenter comme de petites molécules. Il n'est donc pas invraisemblable que des impressions spirituelles puissent parvenir à la conscience, si elles suscitent des rêveries qui leur soient apparentées. Et voilà comment les idées qui sont communiquées par une influence spirituelle prendraient pour vêtement les signes du *langage* utilisé par l'homme dans les autres occasions, le sentiment de la présence d'un esprit se déguisant sous l'image d'une *figure humaine*, et l'ordre et la beauté du monde immatériel sous les rêveries qui flattent nos sens à d'autres moments de la vie.

Cette sorte d'apparitions ne peut pas cependant être chose courante et coutumière ; elle ne peut se produire que chez des

personnes dont les organes* possèdent un degré inhabituel
340 d'irritabilité, de nature | à fortifier les images de la fantaisie
par un mouvement harmonique selon l'état interne de l'âme,
plus intensément que cela n'arrive d'ordinaire aux hommes
en bonne santé, et même que cela ne devrait arriver. Ces personnes peu banales seraient à certains moments saisies par la
vision d'objets apparaissant comme extérieurs à elles ; elles les
prendraient pour la présence de natures spirituelles venant à
leurs sens corporels, et quoique ce ne soit que le déroulement
d'un artifice trompeur de l'imagination, la cause de ce dernier
serait une véritable influence spirituelle, impossible à sentir
immédiatement et ne se manifestant à la conscience que par
des images apparentées relevant de la fantaisie, mais ayant
adopté l'apparence de sensations.

Il y aurait un rôle joué par les notions apprises, ou encore
par les préjugés de nature et de provenance variées, là où la
fantasmagorie et la vérité sont mêlées et où une impression
spirituelle effective, après avoir fourni le principe, a été dé-
formée en fantôme de choses sensibles. Mais, quant à la disposition pour déchiffrer ainsi en intuitions claires les impressions qu'en cette vie nous recevons du monde des esprits, l'on
reconnaîtra qu'on voit mal l'utilité quelconque qu'elle pourrait
avoir, car l'impression spirituelle et le fantôme imputable à
l'imagination y forment nécessairement un tissu si serré que la
distinction entre le vrai et les prestiges grossiers dont il est
entouré ne saurait être qu'impossible. De plus, l'état de ces
personnes serait annonciateur d'une véritable maladie, par le

---

*Ce que j'entends par là ce ne sont pas les organes de la sensation
extérieure, mais ce que l'on appelle le sensorium de l'âme, à savoir cette partie
du cerveau dont le mouvement accompagne en général, selon l'avis des
philosophes, les diverses images et représentations de l'âme pensante.

changement d'équilibre qu'il supposerait dans les nerfs, jetés dans un mouvement contraire à la nature par la simple efficacité des sentiments spirituels de leur âme. Enfin, il n'y aurait pas à s'étonner de trouver qu'un témoin des esprits se double d'un fantaste, du moins à l'égard des images associées à ces apparitions, car il surgit en lui des représentations étrangères par nature à l'état corporel de l'homme et inconciliables avec celles qui en viennent ; les images mal assorties qu'elles amènent dans la perception extérieure se découpent en barbares chimères et en caprices déconcertants, dont le long cortège éblouit les sens abusés, en dépit de la véritable influence spirituelle qu'elles peuvent avoir pour principe.

Plus d'embarras maintenant pour donner des raisons plausibles de ces histoires de revenants que les philosophes rencontrent si souvent sur leur chemin, et de tous les influx spirituels dont il est question çà et là. Certes, des âmes de défunts ou des esprits purs ne peuvent | jamais être présents **341** à nos sens externes, ni être en commerce avec la matière de quelque autre façon que ce soit ; mais ils peuvent parfaitement agir sur l'esprit de l'homme, qui appartient comme eux à une grande république, les représentations qu'ils éveillent en lui se travestissant en images apparentées selon la loi de sa fantaisie, et lui faisant paraître hors de lui les objets qui lui correspondent. Cette illusion peut atteindre n'importe lequel des sens, et si mêlée soit-elle de fantômes absurdes, il n'y aurait pas là de quoi se décourager de présumer là-dessous des influx spirituels. Ce serait faire injure à la perspicacité du lecteur, que d'insister plus longuement sur les applications de cette façon d'expliquer. Les hypothèses métaphysiques sont en effet d'une telle souplesse [13] qu'il faudrait être bien maladroit pour n'être pas capable d'adapter la présente à quelque récit que ce soit, avant même de s'être enquis de la vérité de ce dernier, chose impossible en bien des cas, et très désobligeante dans plus de cas encore.

Avant d'en venir là, si l'on met en balance avantages et inconvénients pouvant advenir à celui qui est organisé non seulement pour le monde visible, mais encore (si du moins il s'en trouva jamais) jusqu'à un certain point pour le monde invisible, un présent de cette nature paraît avoir la même valeur que celui dont Tirésias fut honoré par Junon, qui commença par le rendre aveugle afin de pouvoir lui conférer le don de prophétie. Car ainsi qu'on peut en juger par les propositions ci-dessus, la connaissance intuitive de l'autre[14] monde ne peut s'acquérir ici-bas qu'au prix d'une partie de l'intelligence dont on a besoin pour *celui-ci*. Je me demande même si certains philosophes ne seraient pas totalement affranchis de notre dure condition, tellement ils sont absorbés à diriger consciencieusement leurs télescopes métaphysiques vers ces régions éloignées, et savent en raconter des choses merveilleuses : quoi qu'il en soit je ne leur envie aucune de leurs découvertes. Ma seule crainte, c'est qu'un homme de bon sens et d'une finesse médiocre ne leur signifie, en substance, la même réponse que Tycho de Brahe reçut de son cocher quand, de nuit, il envisagea de prendre le plus court chemin en se guidant sur les étoiles : « Mon bon Monsieur, vous avez beau vous y connaître dans le ciel, mais ici sur la terre vous n'êtes qu'un nigaud. »

CHAPITRE III

ANTIKABBALE
FRAGMENT DE PHILOSOPHIE COMMUNE, POUR FAIRE JUSTICE DE CE COMMERCE AVEC LE MONDE DES ESPRITS

| Aristote[1] dit quelque part : « Quand nous veillons, nous **342** avons un monde commun ; quand nous rêvons, chacun a le sien propre. » On devrait bien, me semble-t-il, convertir cette dernière proposition et pouvoir dire : si différents hommes ont chacun leur monde propre il y a lieu de présumer qu'ils rêvent. Partant de là, si nous prenons garde aux *bâtisseurs en l'air*[2] de mondes idéaux d'espèce variée, dont chacun habite le sien, tranquillement, au mépris des autres (tel celui qui loge dans l'ordre des choses arrangé par Wolff avec peu de matériaux pris de l'expérience mais une majorité de notions subreptices, ou dans celui que Crusius a tiré du néant par la vertu magique de quelques formules sur le *pensable* et l'*impensable*[3]) nous patienterons en présence de leurs visions contradictoires,

jusqu'à ce que ces Messieurs aient fini de rêver[4]. Car si un jour Dieu veut qu'ils s'éveillent tout à fait, c'est-à-dire que leurs yeux s'ouvrent à une façon de regarder qui n'exclue pas l'assentiment d'un autre entendement humain, nul d'entre eux ne verra de chose qui ne doive de même apparaître à tout autre dans la lumière de leurs preuves comme évidente et comme certaine, et les philosophes habiteront en même temps un monde commun, tel que l'ont depuis longtemps les mathématiciens : événement capital qui ne saurait tarder, s'il faut croire à certains signes prémonitoires apparus depuis quelque temps au-dessus de l'horizon des sciences.

Aux *rêveurs de la raison* s'apparentent quelque peu[5] les rêveurs *de la sensation*, parmi lesquels il est courant de compter ceux qui parfois ont affaire aux esprits : car ce qu'ils ont de commun avec eux, c'est qu'ils voient quelque chose que ne voit aucun autre homme qui soit sain, et qu'ils ont un commerce à eux avec des êtres qui ne se manifestent hormis eux à personne, quelque aigus que l'on ait les sens. De plus, si l'on admet que lesdites apparitions reviennent à de pures chimères, le nom de rêveries se justifie en ceci que, | chez les uns comme chez les autres, il s'élabore des images qui trompent les sens comme de vrais objets ; mais on aurait tort de se figurer que les deux illusions se ressemblent assez dans leur genèse pour que celle de l'une suffise à expliquer celle de l'autre. Celui qui se plonge tout éveillé dans les fictions et les chimères que lui fabrique la fécondité constante de son imagination, jusqu'à faire peu de cas des impressions des sens actuellement les plus pressantes, on a raison de l'appeler un rêveur éveillé. Les impressions des sens n'auraient qu'à perdre encore tant soit peu de leur force pour qu'il dorme, et que les chimères de tout à l'heure deviennent réellement des rêves. Ce qui fait qu'à l'état de veille elles ne le sont pas, c'est qu'au moment où il se les représente comme *intérieures*, il se représente aussi, mais comme *extérieurs*, d'autres objets qu'il perçoit, de sorte qu'il impute les premières aux effets de sa propre activité et les seconds à ce qu'il reçoit et ce qu'il subit du dehors. Car ici tout dépend du rapport que les objets sont censés avoir envers lui en tant qu'il est homme, donc envers son corps également. C'est ainsi que lesdites images peuvent très bien, dans l'état de veille, l'occuper mais non le tromper, si claires qu'elles aient beau être. Car à ce moment-là, bien qu'il ait dans le cerveau une représentation de lui-même et de son corps qui est en balance avec ses images fantastiques, il y a pourtant la perception effective de son corps par les sens externes pour provoquer le contraste à l'égard de ces chimères, pour donner du relief et faire que les unes soient tenues pour forgées par lui-même, et les autres pour objets sentis. S'il s'endort entre temps, la représentation de son corps s'évanouit comme chose de sensation, il n'en reste que celle qui était une pure fiction personnelle, devant quoi les autres chimères sont alors censées détenir le rapport d'extériorité, forcées comme elles le sont de tromper le rêveur pendant tout le temps que l'on dort, du fait qu'aucune sensation n'est là pour faire distinguer au moyen d'une comparaison l'original de son fantôme, autrement dit l'extérieur de l'intérieur.

Cette façon de concevoir les rêveurs éveillés distingue d'eux les visionnaires, et ce n'est pas simplement selon l'intensité, mais totalement, selon l'espèce. Car c'est dans l'état de veille, et souvent même malgré d'autres sensations de la plus grande vivacité qu'ils rapportent certains objets aux lieux externes des autres choses, c'est-à-dire de celles qu'ils perçoivent réellement autour d'eux : la question n'est que de savoir d'où vient qu'ils transportent hors d'eux l'artifice trompeur de leur imagination, et tout spécialement comment il

peut se faire qu'ils le rattachent à leur corps, bien qu'ils aient
344 sensation de ce corps | au moyen de leurs sens externes. La
grande clarté de leur image mentale ne saurait en être la cause ;
car il s'agit ici du lieu où elle est mise en place à titre d'objet,
et c'est là que je réclame qu'on me fasse voir comment une
telle image, que l'âme devrait pourtant se représenter comme
contenue en elle, est mise en place par elle dans un rapport tout
autre, à savoir en un lieu *hors d'elle*, et parmi les objets qui
s'offrent à sa sensation effective. Je n'admettrai pas non plus
que pour toute réponse on allègue d'autres cas vaguement
apparentés à ce genre d'illusion, comme par exemple ceux
qui se produisent dans l'état de fièvre ; santé ou maladie, en
quelque état que soit la victime de l'illusion, ce qu'on veut
savoir c'est comment cette illusion-là est possible, et non pas si
ailleurs il s'en produit de semblables.

Or dans l'usage des sens externes, nous trouvons qu'en sus
de la clarté avec laquelle les objets sont représentés, la sensation enveloppe également leur lieu ; et s'il peut arriver que
ce ne soit pas toujours avec la même exactitude, c'est cependant une condition nécessaire de la sensation, sans laquelle il
serait impossible de nous représenter les choses comme extérieures à nous. Il commence à être fort probable que ce soit
parce que dans la représentation notre âme situe l'objet senti à
l'endroit où convergent, une fois prolongées, les différentes
lignes directrices de l'impression faite par l'objet. C'est ainsi
que l'on voit un point rayonner à l'endroit où se coupent les
lignes tirées par l'œil en direction de la provenance des rayons
lumineux. Ce point, appelé le point optique, est dans l'ordre
causal le *point de dispersion*, mais dans la représentation il est
le *point de concours* des lignes directrices selon lesquelles la
sensation est imprimée (*focus imaginarius*). Ainsi même avec
un seul œil on détermine le lieu d'un objet visible, d'une

manière dont il y a d'autres exemples, comme celui du miroir concave, qui fait voir l'image virtuelle d'un corps au lieu précis en l'air où les rayons émis par un point de l'objet se coupent[6] avant de frapper l'œil*.

| La même chose ne pourrait-elle se dire des impressions **345** sonores ? Peut-être, du fait que le son frappe également en ligne droite, y a-t-il lieu d'admettre que la sensation qu'il donne s'accompagne elle aussi de la représentation d'un *focus imaginarius*, qui est mis en place là où se coupent, une fois prolongées au dehors, les lignes droites provenant de la vibration de l'appareil nerveux dans le cerveau. Car on ne laisse pas de prendre conscience, dans une certaine mesure, de l'orientation et de la distance d'un objet sonore, alors même que le son est bas et se produit derrière nous, bien que précisément les lignes droites venant de lui, au lieu de rencontrer l'ouverture de l'oreille, atteignent d'autres parties de la tête ; force est bien de croire que par la représentation de l'âme les directions de l'ébranlement sont prolongées vers le dehors et l'objet sonore mis en place à leur point de concours. On peut, me semble-t-il, dire encore la même chose pour les trois autres sens, leur différence avec la vue et l'ouïe étant que l'objet de la sensation touche directement les organes, et que les directions de

---

* C'est ainsi que les livres d'optique représentent communément le jugement que nous portons sur le lieu apparent des objets rapprochés, et cela s'accorde également très bien avec l'expérience. Et pourtant, de par la réfraction qui se fait dans les humeurs de l'œil, ces mêmes rayons issus d'un point ne sont pas divergents lorsqu'ils rencontrent le nerf optique : mais au contraire ils s'y réunissent en un point. Donc si la sensation ne s'opère que dans ce nerf, le *focus imaginarius* ne devrait pas être situé hors du corps, mais au fond de l'œil, difficulté que je ne puis présentement résoudre, et qui paraît inconciliable avec les thèses ci-dessus, autant qu'avec l'expérience.

l'excitation sensible ont, de ce fait, leur point de rencontre dans ces organes eux-mêmes.

Pour que cela soit applicable aux tableaux de l'imagination, qu'on me permette de prendre pour base ce qu'admettait Descartes et que la plupart des philosophes à sa suite ont approuvé : à savoir que toutes les représentations de la faculté d'imaginer s'accompagnent de certains mouvements dans le tissu nerveux, ou l'esprit nerveux, du cerveau, qu'on appelle *ideae materiales* ; c'est-à-dire s'accompagnent peut-être du frémissement ou de la vibration de l'élément subtil sécrété par les nerfs, cette vibration étant analogue au mouvement que produirait l'impression sensible dont la représentation imaginaire est la reproduction. Or, je demande qu'on m'accorde que la principale différence entre le mouvement des nerfs dans l'imagination et celui de la sensation consiste en ceci, que les lignes directrices du mouvement se coupent dans le premier cas au dedans du cerveau, et dans le second au dehors ; voilà pourquoi, le *focus imaginarius* où l'objet est représenté étant posé à l'extérieur de moi dans les sensations claires de l'état de veille, et celui des fantaisies qu'il m'est loisible d'avoir simultanément l'étant, lui, en moi-même, je ne puis faillir, tant que je veille, à distinguer les fictions, comme fantômes bien personnels, de l'impression des sens.

346 | Si cela m'est accordé, j'ai le sentiment de pouvoir offrir, au sujet de cette sorte de dérangement de l'âme qu'on appelle fausse perception[7], et s'il est plus grave hallucination, quelque chose d'intelligible qui en donne la cause. Le propre de cette maladie est que l'homme égaré transporte hors de lui de simples objets de son imagination, et les regarde comme des choses réellement présentes devant lui. Or j'ai dit qu'en règle générale les lignes directrices du mouvement, accompagnant dans le cerveau la fantaisie à titre d'auxiliaires matériels, doivent se couper en lui, et que par suite le lieu où l'homme a conscience de son image est conçu, à l'état de veille, comme se trouvant en lui-même. Si donc je pose que par un quelconque hasard ou une maladie certains organes du cerveau sont à tel point faussés et arrachés à leur équilibre habituel que le mouvement des nerfs vibrant en harmonie avec quelques fantasmes vient à se faire selon des lignes directrices qui, prolongées, se croiseraient hors du cerveau, le *focus imaginarius* est alors mis en place au dehors du sujet pensant*, et l'image qui était l'œuvre de la simple imagination est représentée comme un objet qui serait présent aux sens externes. La perplexité concernant ce qu'on croit être l'apparition d'une chose qui dans l'ordre naturel ne devrait pas être présente ne tardera pas, même si dans le début le fantôme n'était que bien faible, à mobiliser l'attention et à donner tant de vivacité à l'apparence de sensation, qu'elle ne laissera plus l'homme abusé | douter de **347**

---

* On pourrait, comme ayant de lointaines analogies avec le cas étudié, citer le phénomène que présentent les gens ivres qui avec les deux yeux dans cet état voient double : et cela, parce que la dilatation des vaisseaux sanguins fait obstacle à ce que les axes des yeux se dirigent de telle manière que leurs lignes prolongées se coupent au point où est l'objet. De même la distorsion des vaisseaux du cerveau, laquelle peut n'être que passagère et n'affecter que quelques nerfs pendant le peu qu'elle dure, peut faire que même à l'état de veille certaines images de la fantaisie apparaissent comme hors de nous. De cette illusion on peut rapprocher une expérience des plus communes. Quand après le sommeil on regarde, dans une langueur voisine de l'assoupissement, avec des yeux que l'on pourrait dire dissociés, les fils divers des rideaux du lit ou de la couverture, ou encore les petites taches d'un mur tout proche, on les transforme aisément en dessins représentant des visages humains et autre chose de ce genre. L'artifice trompeur cesse dès qu'on le veut et qu'on force l'attention. Ici le transport du *focus imaginarius* des fantasmes est dans une certaine mesure soumis au libre arbitre tandis que dans l'hallucination il n'est pas de volonté qui puisse l'empêcher.

sa véracité. Cette illusion peut affecter l'un quelconque de nos sens externes ; car de chacun d'eux nous avons, dans l'imagination, des images-copies, et le dérangement du tissu nerveux peut devenir la cause qui fait transporter le *focus imaginarius* à l'endroit d'où viendrait l'impression sensible d'un objet corporel qui serait réellement présent. Rien d'étonnant, dès lors, si le fantaste croit voir ou entendre, très distinctement, tant de choses que nul ne perçoit sinon lui, ou bien si ces fantômes disparaissent soudain après lui être apparus, ou encore si, faisant illusion à un sens qui soit par exemple la vue, ils ne peuvent être éprouvés par aucun autre, et notamment par le toucher, de sorte qu'ils semblent pénétrables. Or ce sont là les caractères sur lesquels roulent les communes histoires de revenants, au point qu'elles justifient singulièrement le soupçon de s'être nourries à cette source. Et de même la notion courante d'*êtres spirituels*, que nous avons plus haut dégagée de la commune façon de parler, ressemble beaucoup à ces illusions et ne renie pas son origine en ce sens que la propriété d'être présent dans l'espace et pourtant pénétrable doit constituer le caractère essentiel de cette notion.

Il est très vraisemblable aussi que les notions apprises sur l'aspect des revenants fournissent à la tête qui est malade les matériaux destinés aux imaginations qui l'abusent ; et qu'un cerveau exempt de pareils préjugés, même s'il était pris de désordre, n'aurait pas tant de facilité à se forger de telles images. Bien plus, on voit encore par là que, la maladie du fantaste portant à proprement parler non pas sur l'entendement mais sur l'illusion des sens, l'infortuné ne peut par aucun raisonnement venir à bout de ses artifices trompeurs, parce que, vraie ou simulée, l'impression des sens devance même tout jugement de l'entendement et possède une évidence immédiate de beaucoup supérieure à toute autre persuasion.

La conclusion qu'amènent ces considérations comporte un inconvénient : c'est de rendre inutiles les conjectures profondes du précédent chapitre, et de faire que le lecteur, si disposé soit-il à souscrire aux projets idéaux qui s'y trouvent, préfèrera pourtant la conception qui entraîne une décision plus sûre et plus prompte, et qui peut prétendre à un assentiment plus général. Outre qu'il semble plus conforme à une pensée raisonnable de prendre dans les matériaux que nous offre l'expérience ses principes d'explication, | que de s'égarer dans **348** les notions étourdissantes d'une raison à moitié poétique et à moitié raisonnante, ce dernier parti donne prise à la raillerie qui a, bien ou mal fondée, plus que tout autre moyen, la puissance de retenir les recherches inconsistantes. Car l'intention de faire sur le mode sérieux des interprétations sur les visions des fantastes suffit à éveiller des soupçons malveillants, et la philosophie qui se laisse surprendre en si mauvaise compagnie suscite la méfiance. Sans doute, n'ai-je pas contesté la présence de fausse perception dans ces apparitions ; et même j'ai fait d'elle non pas sans doute une cause faisant qu'on s'imagine en commerce avec les esprits, mais une conséquence naturelle de ce commerce ; mais y a-t-il quelque folie qui ne puisse être conciliée[8] avec une philosophie dépourvue d'assises ? Je ne blâme donc pas du tout le lecteur, si au lieu de voir dans les visionnaires des demi-citoyens de l'autre monde, il les liquide tout bonnement comme candidats à l'hôpital, et par là s'affranchit de toute recherche ultérieure. Mais, à prendre ainsi toutes choses, il faut que la façon de traiter cette sorte d'adeptes de l'empire des esprits diffère grandement de celle qui résultait des notions antérieures, et tandis qu'autrefois on trouvait nécessaire d'en *brûler* parfois quelques-uns, on se contentera désormais de les *purger*[9]. Mieux encore, pour en venir là, il n'y aurait pas eu à remonter si loin, et à se faire aider par la métaphysique pour chercher des secrets dans le cerveau fiévreux des enthousiastes abusés. Le judicieux Hudibras aurait pu à lui seul nous expliquer l'énigme, puisqu'à son avis, « quand un vent hypocondriaque se déchaîne dans les intestins, tout dépend de la direction prise : s'il descend il y a... explosion [10], et s'il monte apparition ou inspiration sainte. »

CONSÉQUENCE THÉORIQUE RÉSULTANT DE L'ENSEMBLE DES CONSIDÉRATIONS DE LA PREMIÈRE PARTIE

Quand une balance est vouée à régler le négoce dans le cadre des lois civiles, si elle est fausse on le découvre en changeant de plateaux la marchandise | et les poids, et pour la **349** balance de l'entendement c'est juste le même procédé qui en dévoile la partialité, car sans lui, même en fait de jugements philosophiques, ce n'est pas la comparaison des manières d'évaluer qui donnera jamais de résultats concordants. Mon âme est maintenant pure de préjugés ; j'ai banni toute espèce de soumission aveugle qui, s'insinuant en moi, livra jamais passage aux sciences imaginaires comme il y en a tant. Pour moi désormais rien n'importe, rien n'est honorable sinon ce que la voie de la sincérité conduit jusqu'à sa place, dans une âme tranquille et ouverte à toutes les raisons : et cela, que mon jugement antérieur en soit confirmé ou détruit, et que j'en sois, moi, déterminé ou bien laissé irrésolu. Ce qui m'instruit, je le fais mien, où que je le rencontre. Le jugement de quiconque réfute mes raisons est mon jugement, une fois que, l'ayant d'abord *opposé* au plateau de l'amour-propre, et ensuite pesé dans ce même plateau, contre mes raisons prétendues, je lui ai trouvé plus de substance. Autrefois je n'envisageais l'universalité de l'entendement humain que du point de vue de mon entendement ; désormais je me mets à la place d'une raison étrangère et extérieure à moi, et j'observe du point de vue des autres mes jugements ainsi que leurs plus secrets motifs. Certes la comparaison des deux observations donne de fortes parallaxes, mais c'est aussi le seul moyen de prévenir l'illusion d'optique et de mettre les notions aux places véritables qui sont les leurs relativement au pouvoir de connaître de la nature humaine. On dira que ce langage a beaucoup de gravité pour un sujet aussi insignifiant que le nôtre, lequel mérite plutôt le nom d'amusement que celui d'occupation sérieuse. On n'a pas tort de juger ainsi. Mais quoiqu'on n'ait pas besoin, si c'est pour une vétille, de faire de grands préparatifs, on peut bien tout de même les faire en profitant de cette occasion, et le luxe de précautions dans le règlement d'une bagatelle peut servir de modèle dans des cas importants. Je ne vois pas d'attachement quelconque, ni de sournoise inclination antérieure à tout examen, qui prive mon esprit de sa docilité envers quelques raisons que ce soient, pour ou contre. À l'exception d'une seule ! La balance de l'entendement n'est pas tout à fait impartiale, et le bras qui est marqué : *espérance dans l'avenir* a un avantage mécanique, qui fait que des raisons même légères, tombées dans le plateau qui est le mien, soulèvent de l'autre côté les arguments spéculatifs intrinsèquement d'un plus grand poids. C'est la seule injustice | que je ne puis supprimer, et que jamais non plus je ne veux effectivement supprimer. Eh

bien ! j'avoue que tous les contes sur l'apparition d'âmes
défuntes ou les influx spirituels et que toutes les théories, à
caractère conjectural, sur la nature des êtres spirituels et leur
liaison avec nous, ne pèsent sensiblement que sur le plateau
de l'espoir, et par contre, sur celui de la spéculation, paraissent
d'une consistance uniquement aérienne. Si dans la question
proposée la réponse n'était pas en sympathie avec un penchant
affirmé d'avance, quel esprit raisonnable hésiterait à trouver
des deux partis le plus probable : admettre une sorte d'êtres
qui n'aient rien de semblable à ce que les sens lui enseignent,
ou restituer à la fiction et à l'autosuggestion (qui pour
plusieurs des cas n'ont rien de surprenant) quelques soi-disant
expériences ?

Bien plus, voilà qui semble encore être, en gros, la cause
principale de la croyance aux histoires d'esprits, si généralement acceptées ; et l'on peut même présumer que le berceau
des erreurs portant sur de prétendues apparitions de personnes
défuntes fut l'espérance flatteuse que l'on continue d'exister
de quelque manière après la mort, car souvent à propos des
ombres de la nuit les sens trompés ont vu à partir de formes
incertaines naître des fantasmagories conformes à l'opinion
dont nous parlons, et ce fut pour les philosophes l'occasion de
constituer enfin l'existence des esprits en idée rationnelle
et d'en faire la théorie. On notera pareillement, sur ce qu'on
appellera ma doctrine du commerce avec les esprits, qu'elle
prend la même direction où s'engage la tendance commune.
Car, la chose est des plus sensibles, ses propositions ne se
rejoignent que pour faire concevoir la manière dont l'esprit de

l'homme *sort de ce monde**, bref son état après la mort ; quant à celle *dont il y vient* (génération et reproduction) je n'en parle pas ; je ne dis même pas comment il est *présent* dans ce monde, **351** c'est-à-dire comment une nature immatérielle peut être active | dans un corps et à travers lui, et pour une excellente raison, qui est qu'à tout cela je ne comprends rien ; j'aurais donc pu m'accommoder de la même ignorance sur l'état futur si la partialité tenant à une opinion favorite n'avait recommandé les raisons qui s'offraient pour la soutenir, si faibles qu'elles aient pu être.

Cette même ignorance fait aussi que je ne me risquerai pas à refuser absolument toute espèce de vérité aux diverses histoires d'esprits ; mais que j'y mettrai la réserve (habituelle et pourtant bizarre) consistant à douter de chacune prise à part, tout en leur accordant une certaine créance à les prendre dans leur ensemble. Je laisse le lecteur libre dans son jugement ; quant à moi, l'excédent d'arguments qui se trouve du côté de mon second chapitre [1] est de toute façon assez grand selon mes vues pour m'entretenir, lorsque j'écoute les diverses espèces de ces récits étranges, dans la réserve et l'indécision. Toutefois, j'observe qu'il n'y a jamais pénurie de raisons justificatives quand l'esprit est prévenu d'avance ; je

* Chez les Égyptiens de l'antiquité le symbole de l'âme était un papillon [2] et l'appellation grecque signifiait la même chose. On voit ici que c'est l'espérance, en faisant de la mort une simple métamorphose, qui a provoqué une telle idée ainsi que son signe. Néanmoins il est faux que cela doive ruiner la confiance dans la vérité des notions produites par elle. Notre sentiment intérieur, et les jugements qu'il permet sur l'ordre *quasi-rationnel* conduisent, tant qu'ils ne sont pas corrompus, au point même auquel la raison nous amènerait, si elle avait plus de lumières et si elle était plus étendue.

n'accablerai donc pas le lecteur en prolongeant le plaidoyer pour cette manière de voir.

Me voici maintenant au terme de la théorie des esprits ; je me risque donc à ajouter que cette méditation, si le lecteur en tire le profit qu'elle comporte, parachève toute connaissance philosophique à leur sujet, et qu'à l'avenir il se peut bien qu'on ait encore sur eux toutes sortes d'*opinions*, mais non que l'on *sache* jamais davantage. Cette déclaration rend un son passablement présomptueux. Car assurément il n'y a pas dans la nature d'objet des sens dont on puisse dire qu'à aucun moment on l'ait *épuisé* par l'observation ou la raison, fût-ce une goutte d'eau, un grain de sable ou quelque chose d'encore plus simple ; si immensément grande est la diversité de ce que la nature dans ses moindres parties offre, pour qu'il l'analyse, à un entendement aussi borné que l'humain. Mais il en va tout autrement de la conception philosophique des natures spiri-tuelles. Elle peut être achevée, mais dans le sens *négatif*[3], en tant qu'elle pose avec certitude les limites de notre connais-sance, et qu'elle apporte les convictions suivantes : que les divers phénomènes de la *vie* dans la nature sont, avec leurs lois, tout ce qu'il nous est donné de connaître ; mais que le principe de cette vie, donc la nature spirituelle, que l'on ne connaît pas, que l'on conjecture seulement, ne pourra jamais être positi-vement conçu, parce que la somme de nos sensations ne pré-sente pas de données | pour cela ; qu'il faut se tirer d'affaire **352** avec des négations pour concevoir une chose à ce point différente de tout ce qui est sensible ; et même que, s'il y a matière à de telles négations, ce n'est pas grâce à l'expérience, ni à des raisonnements, mais à une fiction où vient chercher asile une raison à bout de ressources. En ce sens on peut appeler la pneumatologie des hommes une théorie de leur nécessaire ignorance concernant une espèce conjecturale d'êtres, et comme telle elle peut aisément être appropriée à sa tâche.

J'abandonne désormais tout ce qui touche aux esprits, ce chapitre important de la métaphysique, comme liquidé et terminé. Dorénavant il ne m'est rien. En réduisant de cette façon (comme cela est préférable) le programme de mes recherches, en faisant l'économie de certaines enquêtes parfaitement désespérées, je compte pouvoir employer avec plus de profit pour les objets restants le peu de facultés intellectuelles que j'ai. C'est en pure perte pour la plupart du temps que l'on veut étendre à mille projets aventureux la faible mesure de ses forces. Aussi dans ce cas comme dans les autres, la sagesse commande-t-elle de couper les projets à la dimension des forces qu'on a et de se borner au médiocre si l'on ne peut parvenir correctement au grand.

SECONDE PARTIE

QUI EST HISTORIQUE

NARRATION DONT IL EST RECOMMANDÉ AU LECTEUR DE RECHERCHER LA VÉRITÉ, DE LA MANIÈRE QU'IL CHOISIRA

Sit mihi fas audita loqui…
Virgile [1]

| La philosophie, dont la présomption fait qu'elle s'expose **353** d'elle-même à toutes les questions vaines, se voit souvent dans une fâcheuse perplexité à l'occasion de certains récits dont elle ne peut impunément *mettre en doute* quelques parties, ou bien en *croire* plusieurs sans être ridicule. Les histoires qui circulent au sujet des esprits cumulent dans une certaine mesure ces deux inconvénients : le premier, quand on écoute celui qui les certifie ; le second, aux yeux de ceux à qui on les rapporte. Car effectivement il n'est pas de reproche plus amer pour le philosophe que celui de crédulité et de soumission à l'erreur commune, et comme les gens qui s'entendent à paraître habiles à peu de frais déversent leur rire moqueur sur

tout ce qui met au même niveau, jusqu'à un certain point, les ignorants et les sages, en étant aux uns et aux autres également inintelligible, il n'est pas étonnant que les apparitions dont on fait tant de bruit, reçoivent un accueil favorable tout en étant publiquement niées ou passées sous silence. Aussi peut-on être assuré que jamais cette matière ne sera mise au concours par une Académie des sciences ; non que leurs membres soient exempts de toute faiblesse envers la croyance en question, mais parce qu'à bon droit la prudence a pour règle d'opposer une barrière aux questions que la témérité et la vaine curiosité

354 soulèvent sans discernement. Voilà comment | les partisans qu'ont les récits de cette espèce resteront toujours clandestins, et comment le public, lui, les refusera, la mode[2] qui règne étant celle de l'incrédulité.

Pourtant, comme cette question prise dans son ensemble ne me paraît ni assez grave[*] ni assez élaborée pour que je me prononce, je n'aurai pas de scrupule à relater ici une information de cet ordre, et à l'abandonner en toute indifférence à l'appréciation favorable ou défavorable du lecteur.

Il existe à Stockholm un certain Monsieur Schwedenberg[3], vivant sans emploi ni office, de sa fortune, qui est passablement brillante[4]. Sa seule occupation consiste à être, comme il le dit lui-même, en rapports assidus depuis plus de vingt ans avec des esprits et des âmes défuntes, à recevoir d'eux des nouvelles de l'autre monde et en échange à leur en apprendre de celui-ci, à rédiger de gros volumes sur ses découvertes et à faire parfois le voyage de Londres pour en surveiller l'édition. Il n'est pas spécialement discret sur ses secrets, il en parle librement à chacun et paraît pleinement persuadé de ce qu'il

---

[*] Sous-entendu : pour que je me taise (N.d.T.).

avance, sans donner la moindre impression de fraude calculée ou de charlatanisme. De même qu'il est, à l'en croire, le prince des voyants entre tous les voyants, de même il est assurément le prince des fantastes entre tous les fantastes, à le juger seulement d'après la description que font de lui ceux qui le connaissent, ou d'après ses écrits. Sans doute, ce détail n'est-il pas pour détourner ceux qui d'eux-mêmes croient aux influx spirituels, de penser qu'il reste du vrai derrière ces propos de fantaste. Toutefois, les lettres de créance des mandataires de l'autre monde étant constituées par les preuves qu'ils donnent de leur mission extraordinaire dans certaines épreuves soutenues en ce monde-ci, il me faut, de tout ce qui se colporte pour accréditer l'aptitude extraordinaire de cet homme, citer du moins ce qui trouve encore quelque audience auprès de la plupart des gens.

Vers la fin de l'année 1761 [5] M. Schwedenberg fut appelé auprès d'une princesse dont le grand sens et la clairvoyance devaient rendre presque impossible qu'elle fût abusée en pareille matière. Le motif provenait des rumeurs générales concernant les visions prétendues de cet homme. Après plusieurs questions qui tendaient davantage à s'égayer de ses rêveries qu'à prendre réellement des nouvelles de l'autre monde, la princesse le congédia, mais en | le chargeant d'une **355** commission, restée secrète, ayant rapport à son commerce avec les esprits. Peu de jours après, M. Schwedenberg se présentait avec la réponse, qui fut telle que de son propre aveu la princesse fut jetée dans le plus grand étonnement, car elle vit qu'elle était vraie alors qu'il ne pouvait la tenir d'aucune personne qui fût en vie. Ce récit a été tiré de la relation faite par un ambassadeur auprès de cette cour, présent lors de ces faits, à un autre ambassadeur étranger qui se trouvait à Copenhague, et de plus il concorde exactement avec ce qu'une enquête privée sur ce sujet a pu apprendre.

Quant aux récits suivants, ils n'ont d'autre caution que les on-dit vulgaires, bien hasardeux en fait de preuves. Mme Marteville, veuve d'un envoyé hollandais[6] à la Cour de Suède, était, par les proches d'un orfèvre, avertie d'avoir à payer le solde de la façon d'un service en argent. La dame, connaissant la ponctualité de son défunt mari en affaires, était convaincue que cette dette avait été acquittée de son vivant, mais dans les papiers qu'il laissait elle n'en trouvait aucune preuve. Ce sont les femmes principalement qui sont portées à ajouter foi aux histoires de divination, de clef des songes et autres merveilles. Elle s'ouvrit donc de son embarras à M. Schwedenberg, en le priant, s'il était vrai, comme on le disait de lui, qu'il était en contact avec les âmes des morts, de la renseigner depuis l'autre monde, de la part de feu son époux, sur la réalité de cette réclamation. M. Schwedenberg promit de le faire, et vint peu de jours après chez cette dame lui rendre compte qu'il avait obtenu ce qu'elle voulait savoir : dans une armoire qu'il indiqua, et qu'elle pensait avoir entièrement vidée, il se trouvait encore une cachette, contenant les quittances en question. On chercha aussitôt d'après le tableau qu'il fit, et l'on découvrit, à côté de la correspondance secrète de la Hollande, les quittances par lesquelles étaient anéanties toutes les prétentions formulées.

La troisième histoire est d'un genre qui ne peut manquer de permettre très facilement une preuve complète de son exactitude ou de sa fausseté. C'était, si je suis bien renseigné, vers la fin de l'année 1759, quand M. Schwedenberg, revenant d'Angleterre, débarqua un après-midi à Göteborg[7]. Il fut conduit le soir même à une réunion chez un négociant de la
356 ville, et au bout de quelques instants, en donnant | tous les

signes de la consternation, il annonça à ces personnes qu'au même moment, à Stockholm, dans le quartier de Södermalm, un terrible incendie faisait rage. Quelques heures s'écoulèrent, pendant lesquelles il s'absenta de temps en temps ; après quoi il les informa que le feu était circonscrit, en leur disant aussi jusqu'où il avait porté ses ravages. Dès cette soirée-là cette nouvelle prodigieuse se répandit, ayant le lendemain fait le tour de toute la ville ; mais c'est deux jours plus tard seulement que l'information venant de Stockholm arriva à Göteborg, pleinement conforme, dit-on, aux visions de Schwedenberg.

Je présume qu'on demandera ce qui a bien pu me pousser à assumer cette besogne infamante, qui est de propager des contes qu'un être raisonnable a scrupule d'écouter patiemment, et même, d'en faire le livret de mes recherches philosophiques. Mais comme la philosophie dont nous les fîmes précéder était également un conte du pays de Cocagne de la métaphysique[8], je ne vois rien d'inconvenant à les faire avancer de pair ; et pourquoi y aurait-il plus d'honneur à se laisser duper par confiance aveugle dans les arguments illusoires de la raison, que par foi imprudente à des récits mensongers ?

La folie et l'entendement ont des frontières si indistinctes qu'on a de la difficulté à aller loin dans un de ces domaines sans faire quelquefois un petit parcours dans l'autre ; et pour ce qui est de l'ingénuité qui se laisse persuader d'accorder parfois quelque chose, malgré la mise en garde venue de l'entendement, au nombre et à l'énergie des serments qu'on lui fait, elle paraît être un résidu de l'antique probité, qui sans doute ne cadre pas bien avec les conditions actuelles et par là vient souvent à être une folie, mais cela ne veut pas dire qu'il faille la tenir pour un trait de sottise naturelle et héréditaire. J'abandonne par conséquent à la convenance du lecteur le soin de résoudre en ses éléments, dans le récit merveilleux où je me suis compromis, ce mélange de raison et de crédulité, et de chiffrer la proportion dans laquelle ces deux ingrédients constituent ma façon de penser. Puisqu'en effet ce qui compte dans ce genre de critique, c'est le fait qu'elle est* de bon ton, je m'estime suffisamment garanti de la moquerie par le fait qu'avec cette folie, si l'on veut lui donner ce nom, je me trouve pourtant en excellente et en nombreuse compagnie, ce qui suffit déjà, de l'avis de Fontenelle, du moins pour n'être pas taxé de niaiserie. Car de tous temps il s'est produit et dans l'avenir également il continuera | de se faire que certaines choses contraires au bon sens soient accueillies avec faveur même par des êtres raisonnables, du seul fait que tout le monde en parle. Tel est le cas[9] de la sympathie[10], de la baguette divinatoire[11], des prémonitions[12], des effets de l'imagination chez les femmes enceintes[13], de l'influence des phases de la lune sur les animaux et les plantes[14], etc. N'est-il pas arrivé naguère, que le bon peuple des campagnes soit allé jusqu'à rendre aux savants les sarcasmes dont ils le couvrent d'ordinaire à cause de sa crédulité ? Ce fut à force de racontars que les enfants et les femmes finirent par amener un bon nombre d'hommes intelligents à prendre un loup commun pour une hyène[15], bien qu'actuellement la première venue parmi les personnes raisonnables s'aperçoive aisément que dans les forêts de France il ne doive y avoir en train de se promener, aucune bête féroce d'Afrique. La faiblesse de l'entendement humain, ajoutée à sa curiosité, fait que l'on commence par ramasser vérité et mensonge sans faire de différence. Mais peu à peu les notions

* Et non pas qu'elle *soit* : car elle *n'a pas* à l'être, elle l'est par essence : voir p. 117-118 (N.d.T.).

se décantent, on en garde une petite partie, le reste est jeté aux ordures.

Celui-là donc à qui ces histoires d'esprits sembleront une chose d'importance, s'il a assez d'argent et n'a rien de mieux à faire, peut toujours, pour en être informé de plus près, se lancer dans un voyage comme Artemidore en fit un, à travers toute l'Asie Mineure pour le plus grand profit de la science des rêves. À lui aussi les héritiers de cette tournure d'esprit[16] seront hautement reconnaissants pour avoir empêché qu'un autre Philostrate survienne un jour, qui, laissant s'écouler de nombreuses années, fasse de notre Schwedenberg un nouvel Apollonius de Tyane, une fois que la tradition orale aurait l'ampleur d'une preuve en forme, et que l'audition des témoins oculaires, indésirable mais extrêmement nécessaire, serait devenue impossible.

Chapitre II

VOYAGE EXTATIQUE D'UN ENTHOUSIASTE
À TRAVERS LE MONDE DES ESPRITS

Somnia, terrores magicos, miracula, sagas,
Nocturnos lemures, portentaque Thessala…
Horatius [1]

Je ne saurais en aucune manière me plaindre d'un lecteur circonspect en qui, dans le cours de cet écrit, quelque doute se serait éveillé sur la marche que l'auteur a jugé bon | d'y suivre. **358** Car, ayant disposé la partie dogmatique avant la partie historique, et donc les arguments avant l'expérience, j'ai donné matière au soupçon d'avoir fait usage de la ruse en ce sens que je pourrais bien avoir pensé dès le début à l'histoire en question, et pourtant avoir feint de ne m'entendre à rien qu'aux pures méditations abstraites, afin de pouvoir en terminant, par une preuve heureuse tirée de l'expérience, surprendre le lecteur, qui n'attendait rien de tel. Effectivement, c'est là un tour que bien des fois les philosophes ont employé avec succès.

Car il faut bien savoir que toute connaissance a deux bouts par lesquels on peut la saisir, l'un étant *a priori*, l'autre *a posteriori*. Certes il y a eu, à une époque plus récente divers physiciens pour prescrire de commencer par ce dernier[2], croyant qu'ils attraperaient l'anguille de la science par la queue en s'assurant de suffisantes connaissances expérimentales et en s'élevant peu à peu à des notions plus générales et plus hautes. Mais cette manière, sans être maladroite, n'était, et de loin, ni assez savante ni assez philosophique[3] ; car avec elle rapidement on en est à un *pourquoi* auquel on ne peut pas répondre, ce qui est pour un philosophe aussi peu honorable qu'il l'est pour un marchand, lors du paiement d'une traite, de demander aimablement qu'on revienne le réclamer. Aussi, pour éviter cet inconvénient, des hommes judicieux ont-ils commencé par l'extrémité opposée, qui est le point suprême de la métaphysique. Mais il se trouve ici un embarras nouveau, celui de commencer je ne sais *où*, et d'arriver je ne sais *à quoi*, outre que la chaîne des arguments refuse d'accrocher l'expérience : et même apparemment les atomes d'Épicure, après une éternité de chute, auraient plus tôt fait de se rencontrer une fois en vertu du hasard, pour former un monde, que les notions les plus générales et les plus abstraites de l'expliquer. Aussi le philosophe, voyant bien que ses arguments d'une part et l'expérience réelle ou le récit de l'autre se prolongeraient indéfiniment comme deux parallèles côte à côte sans jamais se rencontrer, s'est-il mis d'accord avec tous, comme s'ils en avaient convenu, pour que chacun prenne son point de départ à sa guise et ensuite conduise la raison non pas selon la ligne droite de l'ordre déductif mais par un *clinamen* insensible des preuves, en les infléchissant discrètement vers le terme **359** de certaines | expériences ou de certains témoignages, pour qu'elle arrive précisément là où le confiant disciple ne l'aurait pas attendue, je veux dire à prouver les choses que d'avance on savait que l'on allait prouver. Cette voie, ils l'appelèrent dès lors la voie *a priori*, bien qu'elle eût été alignée sur son point *a posteriori* grâce à d'invisibles jalons, mais c'est un art où, en bonne justice, le connaisseur ne trahit pas le maître. Ingénieuse méthode, par laquelle différents hommes pleins de mérite, ont saisi simplement sur la voie de la raison, jusqu'à des mystères de la religion, pareils aux romanciers qui font fuir en de lointains pays l'héroïne de leur histoire pour que son adorateur la retrouve par le hasard d'une heureuse coïncidence : *et fugit ad salices, et se cupit ante videri* (Virg. [4]). Il est vrai que le fait d'avoir des devanciers jouissant d'une telle estime m'épargnerait d'avoir à rougir si réellement j'avais fait emploi de ce même artifice en vue de faciliter pour l'écrit que voici le dénouement souhaité. Mais je prie instamment le lecteur de ne m'imputer rien de semblable. Que pourrais-je y gagner maintenant qu'ayant divulgué le secret je ne puis plus tromper personne ? De plus, par un coup de malchance, le témoignage que je trouve sur ma route, et qui frappe par sa ressemblance avec le fruit de ma grossesse philosophique, décourage par son air difforme et niais, au point de me faire appréhender que le lecteur tienne mes arguments pour absurdes au nom de leur affinité avec des données de ce genre plutôt que celles-ci pour rationnelles au nom de ceux-là. Par suite je dis sans détour, sur le chapitre de ces piquants rapprochements que je n'admets pas la plaisanterie, et je le déclare tout net : ou bien il y a lieu de présumer dans les écrits de Schwedenberg plus de finesse et plus de vérité qu'il n'y paraît au premier coup d'œil, ou bien c'est le fait d'un hasard s'il s'accorde avec mon système, de la même façon qu'il arrive à des poètes en délire de prophétiser quelquefois, à ce qu'on croit ou du moins à les en croire eux-mêmes lorsque de temps à autre il advient qu'ils tombent juste.

J'en viens à mon propos, je veux dire aux ouvrages de mon
héros. Si nombre d'écrivains, oubliés aujourd'hui ou promis à
l'obscurité, ont un mérite qui n'est pas mince, dans le fait
d'avoir dédaigné l'étalage de leur intelligence pour la confec-
tion de leurs gros livres, le plus grand honneur entre tous
revient sans doute à M. Schwedenberg. À coup sûr en effet
dans le monde lunaire sa bouteille est entièrement pleine et
360 ne le cède à | aucune de celles que l'Arioste y a vues remplies
de la raison qu'on avait ici-bas perdue, en attendant que leurs
possesseurs les reprennent, tant il est vrai que son gros ouvrage n'en contient pas une seule goutte. Il y règne néanmoins
un accord si prodigieux avec les plus fines performances de
la subtilité raisonnante sur l'équivalent de son sujet, que le
lecteur me pardonnera de trouver dans ces jeux de l'imagination la même rareté que tant d'amateurs d'un autre genre ont
rencontrée parmi les jeux de la nature quand par exemple ils
découvraient dans les veines d'un marbre une Sainte Famille
ou, dans les formes des stalactites, des moines avec des orgues
et des fonts baptismaux, ou même, comme a fait le facétieux
Liscow sur une vitre couverte de givre le nombre de la bête et
la triple couronne[5] : toutes choses que nul ne voit à moins d'en
avoir eu la tête remplie d'avance.

Le grand ouvrage de cet auteur comprend huit volumes in-
quarto, pleins de non-sens, que sous le titre *Arcana Caelestia* il
présente au monde comme une nouvelle révélation et où ses
apparitions lui servent pour la plupart à la découverte du sens
caché des deux premiers livres de Moïse et à une exégèse analogue de toute l'Écriture sainte. Ces commentaires d'un exalté
sortent de mon propos actuel ; on peut sur eux, si l'on y tient,
prendre quelques renseignements dans la Bibliothèque théologique de M. le Dr Ernesti, au premier volume[6]. Tout ce
que nous voulons principalement tirer des appendices de ses

chapitres, ce sont les *audita et visa*, c'est-à-dire ce que ses propres yeux ont vu et ses propres oreilles entendu, parce que là est le fondement de toutes ses autres rêveries et que de plus, cela concerne d'assez près l'aventure tentée par nous-même plus haut sur l'aérien vaisseau de la métaphysique. Le style de l'auteur est plat. Ses récits et leur agencement semblent réellement issus d'une intuition fanatique et motivent très peu le soupçon qu'il ait pu être poussé à les imaginer et à les arranger en vue d'une tromperie par les chimères spéculatives d'une raison faussée dans ses subtilités. C'est en ce sens qu'ils ont par suite quelque importance et méritent réellement d'être exposés sous la forme d'un court résumé, davantage peut-être que tant de fantaisies de raisonneurs sans cervelle qui gonflent nos journaux : car d'une façon plus générale une illusion bien liée des sens est un phénomène beaucoup plus remarquable que les sophismes de la raison, dont les principes sont suffisamment connus, et qui d'ailleurs pourraient dans la plupart des cas être évités par une direction volontaire des facultés de l'âme et par tant soit peu plus | d'empire sur la vaine curiosité, tandis **361** qu'inversement, dans l'autre illusion, le fondement premier de nos jugements est atteint et s'il est incorrect, les règles de la logique ne peuvent pas grand-chose. Je distingue donc chez notre auteur la *paresthésie* de la *paraphrénésie*[7], et je passe sur tout ce qui est chez lui ratiocination aberrante puisqu'il ne s'y tient pas à ses propres *visions* (de même qu'à tant d'autres sujets on est contraint de distinguer chez un philosophe ce qu'il *observe* de ce qu'il *échafaude*) et que le plus souvent les *expériences trompeuses* sont plus riches d'enseignements que les *principes trompeurs* tirés de la raison. Ainsi, en dérobant au lecteur quelques-uns des instants dont peut-être il n'aurait guère accru le profit en lisant des ouvrages *profonds* sur la même matière, je veille également à la délicatesse de son goût en réduisant à quelques gouttes, par l'élimination de mille chimères barbares, la quintessence du livre en question : par quoi je me promets de sa part autant de gratitude que certain patient croyait en devoir aux médecins, qui ne lui avaient fait absorber que l'écorce du quinquina, alors qu'ils auraient pu facilement le forcer à manger l'arbre tout entier.

M. Schwedenberg partage ses visions en trois classes, dont la *première* consiste à être affranchi du corps : état à mi-chemin entre le sommeil et la veille, et dans lequel il a vu, entendu et même touché des esprits ; il ne l'a connu que trois ou quatre fois. La *seconde* lui vaut d'être ravi par l'esprit, en ceci que par exemple, il marche dans la rue, et sans s'égarer, tandis qu'il se trouve en esprit dans de tout autres régions où il voit nettement maisons, hommes, forêts, etc., et il se passe bien plusieurs heures avant qu'il ne reprenne brusquement conscience de lui-même à sa place véritable : c'est une chose qu'il a éprouvée deux ou trois fois. La *troisième* classe d'apparitions est la classe ordinaire, il l'éprouve journellement étant bien éveillé, et c'est à elle principalement qu'il a emprunté ses récits.

Tous les hommes sont selon ses dires aussi intimement que lui-même reliés au monde spirituel[8] ; seulement eux n'en ont pas conscience et la seule différence entre lui et les autres réside en ceci que son être le plus intérieur est ouvert, ce qui est une faveur dont jamais il ne parle qu'avec dévotion (*datum mihi est ex divina Domini misericordia*). Ce don, on le voit par le contexte, doit consister dans la conscience des 362 représentations obscures que l'âme reçoit du fait | de sa liaison constante avec le monde des esprits. Aussi distingue-t-il dans l'homme la mémoire extérieure et la mémoire intérieure, l'homme ayant la première à titre de personne appartenant au monde visible et la seconde en vertu de son rattachement au monde des esprits. De là encore la différence entre l'homme extérieur et l'homme intérieur, son privilège à lui étant de se voir dès cette vie à titre de personne, comme membre de la société des esprits et d'être reconnu au même titre par eux. Cette mémoire intérieure conserve également tout ce qui avait disparu de la mémoire extérieure[9], et il ne se perd jamais rien de toutes les représentations d'un homme. Le souvenir de tout ce qui pénétra jamais dans son âme et qui jusque-là lui restait caché, compose après sa mort le livre entier de sa vie.

Certes la présence des esprits n'affecte que son sens intime[10]. Mais cela les lui fait apparaître hors de lui, et même sous une figure humaine. Le langage des esprits est une communication immédiate des idées[11], mais il est toujours associé à l'apparence de la langue qu'il parle lui-même en leur absence, et il est représenté comme extérieur à lui. Un esprit lit dans la mémoire d'un autre esprit les représentations claires qu'y détient celui-ci. C'est ainsi que les esprits voient dans Schwedenberg les représentations qu'il a de ce bas monde, avec une si claire intuition qu'ils s'y trompent eux-mêmes et souvent s'imaginent voir immédiatement les choses, ce qui est pourtant impossible, nul esprit pur n'ayant la moindre sensation du monde corporel ; mais il est aussi vrai qu'ils ne peuvent tirer aucune représentation de leur commerce avec d'autres âmes de vivants, parce que l'être intérieur de celles-ci n'est pas ouvert, leur sens intime, en d'autres termes, ne contenant que des représentations obscures[12]. Il en résulte que Schwedenberg est proprement l'oracle[13] des esprits, lesquels sont tout aussi curieux de regarder en lui l'état présent du monde que lui de contempler dans leur mémoire, ainsi qu'en un miroir, les merveilles du monde des esprits. Bien que ces esprits soient liés avec la même rigueur à toutes les autres âmes des vivants, agissent sur elles ou en pâtissent, ils le savent cependant tout aussi peu que les hommes, dont le sens intime appartenant à leur personnalité spirituelle est totalement obscur. Ils croient alors avoir pensé de leur propre chef ce qui a été produit en eux par l'influence des âmes des hommes, pareils en cela aux hommes qui croient, dans **363** cette vie, que toutes leurs pensées | et leurs volontés partent d'eux-mêmes, alors qu'en fait souvent elles viennent à eux depuis le monde invisible. Toute âme humaine, dès cette vie, a sa place en tout cas dans le monde des esprits et fait partie d'une société déterminée qui toujours correspond à son état interne quant au vrai et au bien, bref à l'état qui est celui de son entendement et de sa volonté. Or les positions réciproques des esprits n'ont rien de commun avec l'espace du monde corporel ; par là l'âme d'un homme dans les Indes et celle d'un autre homme en Europe peuvent être les plus proches voisines quant aux situations spirituelles, et au contraire ceux qui habitent corporellement la même maison peuvent sous ce même rapport être bien loin les uns des autres. Que l'homme meure et l'âme ne change pas de place : elle se sent seulement dans celle qu'elle occupait dès cette vie à l'égard des autres esprits [14]. D'ailleurs bien que la relation réciproque des esprits ne soit pas un véritable espace, elle en a néanmoins l'apparence auprès d'eux, et leurs liaisons sont représentées sous la condition associée des voisinages, comme leurs diversités sous celle des distances, de même que sans être réellement étendus les esprits se donnent les uns aux autres l'apparence d'une figure humaine. Dans cet espace fictif a lieu un commerce général des natures spirituelles. Schwedenberg parle quand il lui plaît avec les âmes des disparus, et lit dans leur mémoire (force représentative [15]) l'état où elles-mêmes se voient, et cela aussi clairement qu'avec des yeux charnels. L'immense éloignement des êtres raisonnables habitant notre monde n'étant rien non plus à côté de l'univers spirituel, il lui est tout aussi facile de causer avec un habitant de Saturne que de parler avec l'âme d'un mort humain. Tout dépend du rapport de leur état intérieur, et de leur liaison avec lui suivant leur communion dans le *vrai* et le *bien* ; mais, quand ils sont trop éloignés, les esprits ont encore la facilité d'entrer en communication par médiation d'autres esprits. Pour l'homme donc nul besoin d'avoir réellement habité dans les autres astres pour les connaître un jour avec toutes leurs merveilles. Son âme lit dans la mémoire des autres citoyens du monde une fois morts les représentations qu'ils ont de leur vie et de leur demeure, et y voit les objets aussi bien que par intuition immédiate.

Une idée capitale dans les inventions de Schwedenberg, c'est que les êtres corporels au lieu d'avoir une durée propre, ne subsistent | que par le monde des esprits, encore que cela **364** n'ait pas lieu pour chaque corps par un seul esprit, mais par la réunion de tous[16]. Aussi la connaissance des choses matérielles a-t-elle deux significations, l'une externe, rapportant la matière à elle-même, l'autre interne dans la mesure où, conçues comme des effets, elles désignent les forces du monde des esprits qu'elles ont pour causes. Ainsi le corps de l'homme comporte une relation réciproque de ses parties selon des lois matérielles ; mais en tant que l'esprit qui vit en lui le conserve, ses divers membres et leurs fonctions ont une valeur indicative pour les facultés de l'âme à l'efficace desquelles ils doivent leur figure, leur activité, leur durée. Cette signification intérieure est inconnue à l'homme, et c'est elle que Schwedenberg, lui dont l'être intérieur est ouvert, a voulu lui faire connaître. Pour toutes les autres choses du monde visible il en va de même ; elles ont, comme on l'a dit, un sens en tant que choses, ce qui est peu, et un en tant que signes, ce qui est davantage. Et voilà aussi l'origine des exégèses nouvelles qu'il a voulu faire de l'Écriture. Le sens intérieur, qui est le rapport symbolique

de tout ce qui y est raconté avec le monde des esprits, tel est
l'essentiel de sa valeur ; ainsi le veut son exaltation, le reste
en est seulement l'enveloppe. Mais à nouveau ce qui est important dans cette liaison symbolique entre des choses corporelles considérées comme des images et la condition spirituelle intérieure, c'est que tous les esprits, toujours, se présentent les uns aux autres sous l'aspect de figures étendues, et
que les influx réciproques de tous ces êtres spirituels suscitent
en eux, conjointement, l'apparence d'êtres qui eux encore sont
d'autres êtres étendus, et celle, pour ainsi dire, d'un monde
matériel, dont les images sans être rien de plus que des symboles de leur état intérieur, produisent néanmoins une illusion de sens si claire et si durable qu'elle égale la sensation
réelle de ces objets-là. (Un interprète futur conclura de cela que
Schwedenberg est idéaliste, puisqu'il refuse à la matière de ce
monde une durée qui lui soit propre, et que par suite il pourrait
bien ne la tenir que pour un phénomène cohérent, résultant des
liaisons du monde des esprits.) Il parle, donc, de jardins, de
vastes régions, de demeures, de galeries et d'arcades d'esprits
qu'il verrait de ses propres yeux dans une parfaite clarté, et il
assure qu'ayant maintes fois causé après leur mort avec tous
ses amis, il aurait trouvé presque toujours chez ceux qui étaient
morts depuis peu seulement, qu'ils avaient eu beaucoup de mal
à se persuader qu'ils étaient morts, du moment qu'ils voyaient
365 autour d'eux un monde resté analogue ; | et, de plus, que
des groupes d'esprits ayant le même état intérieur verraient le
même paysage et les mêmes objets s'y trouvant, le changement
de leur état étant lié à l'apparence du changement de leur lieu.
Les pensées que les esprits communiquent aux âmes humaines
étant toujours liées avec l'apparition de choses matérielles,
qui se montrent à qui les reçoit avec toute l'apparence de la
réalité même si cela n'a lieu, dans le fond, qu'en vertu d'une

relation affectant le sens spirituel, voilà le réservoir des figures barbares et indiciblement stupides que notre exalté croit voir en pleine clarté dans sa fréquentation quotidienne des esprits.

J'ai déjà mentionné que selon notre auteur les diverses facultés et qualités de l'âme sympathisent avec les organes du corps soumis à leur gouvernement. Donc la totalité de l'homme extérieur correspond à la totalité de l'homme intérieur, et par suite quand un influx spirituel considérable arrivant du monde invisible atteint d'une manière élective l'une ou l'autre de ses facultés en question, son homme extérieur en vertu de l'harmonie en éprouve également la présence apparente sur les membres qui y correspondent. C'est par là qu'il explique une grande diversité d'impressions de son corps, liées en tout état de cause à la contemplation spirituelle, mais trop absurdes pour que je me risque à en citer seulement une.

Voilà donc, pour qui croit que cela en vaut la peine, de quoi se faire une idée de toute l'extravagance et la bizarrerie dans l'imagination, qui rassemble ses rêveries. De même en effet que diverses facultés et aptitudes composent l'unité qu'est l'âme ou l'homme intérieur, de même aussi divers esprits (dont les caractères principaux sont entre eux tout à fait comme les aptitudes variées d'un esprit sont entre elles) composent une société qui a l'apparence d'un homme agrandi, fantôme dans lequel chaque esprit se voit à telle place et dans tel organe apparent qui convient à sa fonction particulière dans un corps spirituel semblable. Mais la somme de toutes ces sociétés d'esprits, et l'univers de ces êtres invisibles se donnent à leur tour, en guise d'achèvement, sous la forme du *plus grand homme*. Image énorme, gigantesque, dans laquelle s'épanouit peut-être une vieille | illustration à l'usage des **366** enfants, comme celle qui dans les écoles pour venir en aide à la mémoire figure pour les écoliers l'ensemble d'une partie du monde sous les traits d'une femme assise, etc. Il se fait dans cet homme immense une communion totale et intime d'un esprit avec tous et de tous avec chacun, et quels que puissent être en ce monde la position, ou le changement de position, des êtres vivants les uns à l'égard des autres, ils ont dans le plus grand homme une tout autre place, dont ils ne peuvent jamais changer, et qui n'a que l'apparence d'un lieu dans un espace immense, étant en fait un mode défini de leurs rapports et de leurs influences.

Je suis las de reproduire les barbares visions du pire des exaltés ou de les continuer jusqu'à ses descriptions de l'état qui suit la mort. Et aussi j'ai d'autres scrupules. Car un collectionneur a beau, dans sa vitrine, parmi les pièces préparées sur la reproduction animale, exposer, outre celles qui ont des formes naturelles, celles-là aussi qui sont des monstres, encore doit-il prendre garde à ne les laisser voir ni à tout le monde ni trop clairement. Car parmi les curieux il pourrait bien y avoir des femmes enceintes sur qui l'effet produit pourrait être funeste. Et comme parmi mes lecteurs il pourrait pareillement y en avoir quelques-uns qui aient des espérances en matière de grossesse idéale, je serais désolé s'ils trouvaient dans ce livre quelque chose qu'ils n'aimeraient pas voir. Mais puisque je les ai avertis dès le début, ce n'est pas moi qui suis en faute et j'espère qu'ils ne m'imputeront pas les moles que leur imagination féconde viendrait à enfanter des suites de cette lecture.

Du reste, aux rêveries de notre auteur je n'en ai mêlé aucune qui soit de mon cru, je n'ai fait que présenter les siennes pour le lecteur aussi économe de son travail que de son argent, qui n'aimerait guère sacrifier aussi allègrement sept livres sterling à une petite curiosité. Certes, je reconnais avoir laissé de côté la plupart des intuitions immédiates, ce genre de visions barbares n'étant bon qu'à troubler le sommeil du lecteur ; et encore, le sens confus de ses révélations, je l'ai revêtu çà et là d'un langage presque accessible ; mais ce faisant je n'ai pas faussé les traits principaux de l'esquisse. Et pourtant, à quoi bon le cacher puisque cela saute aux yeux de tous, tout cela est du travail perdu. En effet du moment que les visions personnelles alléguées dans son livre ne peuvent se servir à elles-mêmes | de preuve, le seul motif de s'occuper **367** d'elles pouvait être l'espoir que l'auteur pour les confirmer s'appuierait peut-être sur des événements tels que ceux que nous citions, pouvant être cautionnés par des témoins vivants. Mais nulle part on n'en trouve de tels. Dès lors, un peu honteux, nous abandonnons une entreprise insensée, sur cette réflexion raisonnable quoiqu'elle vienne un peu tard, que la sagesse de pensée, le plus souvent, est chose facile, mais hélas ! seulement après qu'on s'est laissé duper pendant un certain temps.

* * *

J'ai traité une matière ingrate, harcelé par les demandes d'amis curieux et désœuvrés qui me la soumettaient. Tout en ayant mis mes efforts au service de leur frivolité j'aurai déçu leur espérance, n'ayant rien fait qui satisfasse ni le curieux par des nouvelles ni le chercheur par des raisons. Si nul autre dessein n'a animé ce travail, eh bien ! j'aurai perdu mon temps, ayant trahi la confiance du lecteur en ramenant par un détour fastidieux sa recherche et son goût de savoir au même point d'ignorance dont il était parti. Mais en fait je me proposais un but qui me semble plus important que celui que j'ai indiqué, et ce but je crois l'avoir atteint. La métaphysique, de laquelle mon destin est d'être amoureux, bien que je puisse rarement me flatter de ses vagues faveurs, offre deux avantages. Le premier est de régler les questions que soulève l'âme investigatrice quand elle épie par la raison les propriétés cachées des choses. Mais, que le résultat trompe ici l'espérance, ce n'est que beaucoup trop fréquent, et il a cette fois encore échappé à nos mains avides :

> *Ter frustra comprensa manus, effugit imago,*
> *Par levibus ventis volucrique simillima somno.*
>   Virgile [17]

Le second est plus approprié à la nature de l'entendement humain et consiste à voir si le problème soulevé est également déterminé à partir de ce qu'on peut savoir, et quel est le rapport de la question aux concepts expérimentaux sur lesquels tous **368** nos jugements | doivent constamment s'appuyer. En ce sens la métaphysique est une science des *limites de la raison humaine* ; et du fait qu'un petit pays a toujours beaucoup de frontières et qu'en règle générale il compte plus pour lui de bien connaître et de maintenir ses possessions que de partir aveuglément à la conquête, cet avantage de notre science est le plus méconnu et le plus important à la fois, quoiqu'il ne puisse être obtenu que passablement tard et au bout d'une longue expérience. Sans doute n'ai-je pas déterminé exactement cette frontière, mais j'en ai assez dit pour que le lecteur trouve en suivant cette méditation qu'il peut se dispenser de toute enquête inutile sur une question dont les données se trouvent dans un autre monde que celui où il perçoit. J'ai donc perdu mon temps afin de le gagner [18]. J'ai trompé mon lecteur afin de le servir, et si je ne lui ai offert aucune intellection nouvelle, du moins ai-je détruit l'illusion et le vain savoir qui enfle l'entendement et dans son étroit domaine remplit la place que pourraient occuper les leçons de la sagesse et de l'instruction utile [19].

S'il en est que les considérations ci-dessus ont épuisés sans les instruire, c'est le moment pour leur impatience de se ranimer par l'appel lancé dit-on par Diogène à ses auditeurs qui bâillaient lorsqu'il vit la dernière feuille d'un livre qui les ennuyait : « Courage, Messieurs, je vois la terre. » Tout à l'heure nous cheminions dans l'espace vide de Démocrite, où la métaphysique nous avait élevés sur ses *ailes de papillon*, et nous nous y entretenions avec des figures spirituelles. Voici que, la vertu *styptique* de la connaissance de soi-même ayant replié les ailes de soie, nous nous retrouvons sur l'humble sol de l'expérience et de l'entendement commun ; heureux si nous le regardons comme notre place assignée, dont nous ne sortirons jamais impunément, et qui d'ailleurs contient tout pour nous satisfaire tant que nous nous tiendrons à l'utile.

Chapitre III

CONSÉQUENCE PRATIQUE DE L'ENSEMBLE DU TRAITÉ

Faire droit à toute curiosité, et n'accepter de limites pour la rage de connaître que celles de notre pouvoir, ce zèle | n'est **369** pas en désaccord avec la qualité de *savant*. Mais dans l'infinité des problèmes qui se posent spontanément, choisir ceux qu'il importe à l'homme de résoudre, voilà le mérite de la *sagesse*. Une fois inspecté son arrondissement, la science aboutit naturellement au point d'une défiance modeste où, mécontente d'elle-même, elle dit : *Que de choses que je ne comprends pas !* Mais la raison devenue sagesse par la maturité venue de l'expérience parle en toute sérénité par la bouche de Socrate parmi les marchandises d'un jour de foire : *Que de choses dont je n'ai nul besoin* [1] ! C'est ainsi qu'à la fin deux aspirations de nature aussi dissemblable se réunissent en une seule, bien qu'elles soient allées d'abord dans des directions très diverses, l'une étant vaine et insatiable, et l'autre grave et modérée. Car pour faire un choix qui soit raisonné, il faut que l'on ait au préalable connu même le superflu et jusqu'à l'impossible ; or la science parvient finalement à déterminer les limites qui lui sont imposées par la nature de la raison humaine ; quant à tous les projets immenses, qui du reste peuvent fort bien en eux-mêmes n'être pas fautifs, n'ayant que le tort d'être hors de la portée des hommes, ils disparaissent dans les *limbes* de la vanité. À tel point que la métaphysique devient ce dont actuellement elle demeure assez éloignée, et à quoi de sa part on s'attendrait le moins : la *compagne de la sagesse*. Car tant que subsiste l'opinion d'une possibilité d'atteindre des lumières aussi lointaines, en vain la *sage simplicité* crie que tant d'efforts sont superflus. L'agrément qui accompagne l'extension du savoir prendra très aisément l'apparence du devoir, et de cette modération voulue et réfléchie fera une *sotte simplicité* venant contrarier l'enrichissement de notre nature. Les questions concernant la nature spirituelle, la liberté et la prédétermination, la vie future, etc., mettent d'emblée en exercice toutes les facultés de l'entendement ; élevées comme elles le sont, elles attirent les hommes à des assauts de spéculation, où ils subtilisent et décrètent, dogmatisent ou réfutent (et le tout indistinctement), comme c'est la loi dans toute connaissance illusoire. Mais que cette recherche se tourne en une philosophie qui juge sa propre démarche et connaît non seulement les objets mais aussi leur rapport à l'entendement de l'homme, alors les limites se resserrent, et sont posées les bornes qui ne 370 laissent plus la recherche s'égarer | jamais au dehors du domaine qui lui appartient. Nous avons eu besoin d'un peu de philosophie pour connaître les difficultés entourant un concept que l'emploi ordinaire suppose commode et familier. Un peu plus de philosophie recule encore davantage ce fantôme de connaissance et nous convainc qu'il est situé tout à fait en dehors de l'horizon humain. Car le service qu'elle nous rend, devant les relations entre cause et effet, entre substance et action, c'est initialement de décomposer les phénomènes compliqués et de les ramener à des représentations plus simples. Mais une fois qu'on est parvenu aux relations fondamentales son office prend fin, et loin qu'on puisse jamais comprendre par raison comment quelque chose peut être une cause ou avoir une force, c'est uniquement dans l'expérience qu'il faut puiser ces relations. La règle de notre raison ne porte en effet que sur la comparaison selon l'*identité* et la *contradiction*. Or en tant qu'*une chose* est cause, par elle est posée une *autre chose*, et cette connexion n'a pas lieu en vertu de la convenance ; et pareillement si je refuse de la considérer comme une cause il n'en résultera jamais de contradiction, car il n'est pas contradictoire, une chose étant posée, d'en supprimer une autre. Par suite les concepts fondamentaux des choses qui les concernent en tant que causes, et qui sont ceux de force et d'action, s'ils ne sont pas pris dans l'expérience, sont parfaitement arbitraires et ne peuvent être jamais ni démontrés ni réfutés. Je sais bien que la pensée et le vouloir meuvent mon corps, mais ce phénomène étant une expérience simple je ne puis jamais le ramener à un autre par analyse : donc le connaître, oui, mais le pénétrer, non. Que ma volonté meuve mon bras, cela ne m'est pas plus intelligible que si quelqu'un disait qu'elle peut également arrêter la lune sur son orbite ; la différence est seulement que j'ai l'expérience de l'un, et que l'autre ne s'est jamais présenté à mes sens. Je reconnais en moi des modifications qui sont celles d'un sujet qui vit, ce sont des pensées, des volitions, etc., etc., et comme ces déterminations sont d'une autre nature que tout ce qui, réuni, constitue mon concept de corps, je m'attribue raisonnablement un être incorporel et impérissable. Que cet être doive encore penser hors de son union avec le corps, voilà ce qu'on ne peut jamais conclure à partir de cette nature qu'on lui connaît par expérience. Par la médiation de lois qui sont corporelles, je suis en liaison avec des êtres de ma sorte ; mais

371 que d'une autre façon et selon d'autres lois | que j'appellerai pneumatiques je le sois également ou doive jamais l'être sans la médiation de la matière, je ne puis en aucune manière le conclure de ce qui m'est donné. Tous les jugements tels que ceux qui concernent la façon dont mon âme meut mon corps, ou bien se trouve ou se trouvera en relation avec d'autres êtres de sa sorte, ne peuvent jamais être rien de plus que des fictions, ni même, tant s'en faut, égaler en valeur celles de la physique, qu'on appelle hypothèses, et dans lesquelles, sans inventer de forces fondamentales, en prenant celles qu'on connaît déjà par expérience, on se borne à les relier d'une manière qui soit appropriée aux phénomènes et dont la possibilité puisse par conséquent être toujours prouvée ; loin de là, ce qu'on envisage dans le cas ci-dessus ce sont, sur la cause et l'effet, de nouveaux rapports fondamentaux, sans que l'on puisse jamais avoir la plus petite notion de leur possibilité, et sans que l'on fasse, par suite, rien de plus que les forger : création ou chimère, on a le choix du terme. Les divers phénomènes réels ou supposés qui deviennent concevables moyennant l'admission de telles idées fondamentales ne sont aucunement à mettre à leur actif. Car on peut facilement rendre raison de tout aussitôt qu'on a le droit d'inventer comme on veut des agents et les lois d'action. Nous voilà donc forcés d'attendre jusqu'à ce que, dans l'autre monde, nous soyons peut-être renseignés par de nouveaux concepts et de nouvelles expériences sur ces pouvoirs de notre moi pensant qui nous sont encore cachés. C'est ce qui s'est passé pour la force d'attraction, que les observations d'une époque tardive, une fois élucidées par les mathématiques, nous ont révélée dans la matière et dont jamais l'on ne fera concevoir davantage la possibilité (puisqu'elle semble fondamentale). Ceux qui, sans disposer d'une preuve qu'ils aient tirée de l'expérience, auraient pris les devants, et voulu inventer une propriété semblable, auraient été en bonne justice ridiculisés comme fous. Du fait qu'en pareils cas les principes rationnels n'ont la moindre valeur ni pour introduire ni pour ratifier une possibilité ou une impossibilité, c'est seulement aux expériences que l'on peut accorder le droit d'en décider, tout comme je laisse au temps, qui amène l'expérience, à se prononcer sur les vertus curatives tant vantées de l'aimant dans les affections dentaires, s'il arrive à produire, en faveur de l'action des verges magnétiques sur la chair et les os, autant d'observations que nous en avons déjà de cette même action sur le fer et l'acier. Mais quand on se prévaut de certaines expériences qui n'entrent dans aucune loi de la sensation sur laquelle se fasse l'accord de la plupart des hommes, | et qui dès lors ne sauraient prouver qu'un dérèglement dans le **372** témoignage des sens (comme c'est le cas effectivement pour ces histoires d'esprits que l'on fait circuler), il est sage de les écarter simplement, ce défaut de concordance et d'uniformité ôtant toute force probante à la connaissance historique et la rendant impropre à servir de fondement à quelque loi d'expérience sur quoi l'entendement puisse juger.

Autant une recherche un peu approfondie enseigne à voir que l'intellection convaincante et philosophique est *impossible* dans le cas dont nous parlons, autant, d'un autre point de vue, on est contraint d'avouer que pour une âme tranquille et exempte de préjugés, elle est superflue et *sans nécessité*. La science, dans sa vanité, aime excuser son affairement par l'importance qu'elle fait valoir ; de là, ici encore, l'allégation commune selon laquelle l'intellection de la nature spirituelle

de l'âme par la raison est des plus nécessaires à la conviction de l'existence après la mort, celle-ci l'étant à son tour comme principe moteur d'une vie vertueuse ; et la curiosité frivole renchérit que l'authenticité des apparitions de revenants peut même fournir de tout cela une preuve expérimentale. Mais la véritable sagesse est compagne de la simplicité, et du fait qu'en elle c'est le cœur qui commande à l'entendement, elle rend d'ordinaire superflu tout l'équipement du savoir, et ses fins n'ont que faire de moyens qui ne pourront être jamais à la disposition de tous. Quoi ? N'est-il bon d'être vertueux que parce qu'il y a un autre monde, ou n'est-ce pas plutôt que les actions seront un jour récompensées parce qu'elles auront en elles-mêmes été bonnes et vertueuses ? Le cœur humain ne contient-il pas des règles morales immédiates, et faut-il, pour diriger l'homme ici-bas selon sa destinée, ne le faire tirer que par un autre monde ? Peut-on le dire vraiment honnête, le dire vraiment vertueux, celui qui s'adonnerait de grand cœur à ses vices de prédilection si seulement il n'avait pas peur d'un châtiment à venir, et ne faudra-t-il pas dire plutôt qu'il se détourne assurément d'exercer sa méchanceté, mais que dans son âme il entretient la disposition pour ce vice, et qu'il aime le profit résultant des actions qui ressemblent à la vertu, tout en haïssant la vertu même ? Aussi bien l'expérience enseigne effectivement que parmi ceux qui sont instruits et convaincus d'un autre monde il en est tant qui, malgré ce, s'adonnent au vice et à l'abjection sans songer à rien qu'aux moyens d'é-
373 chapper astucieusement aux conséquences futures | dont ils sont menacés ; mais il est bien vrai que jamais il n'a existé d'âme droite qui ait pu supporter la pensée de la mort comme fin de toutes choses, et dont les nobles sentiments ne se soient élevés jusqu'à l'espérance de la vie future. Aussi paraît-il plus conforme à l'humaine nature et à la pureté des mœurs, de

fonder sur les perceptions d'une âme bien constituée l'attente d'un autre monde, plutôt qu'inversement sa bonne conduite sur l'espérance d'un monde à venir. Telle est la *croyance morale*, dont la simplicité peut faire fi d'un bon nombre des subtilités de l'argutie, et qui seule convient à l'homme de quelque condition que ce soit, puisqu'à ses véritables fins elle le mène sans détour. Laissons donc tout le vacarme des systèmes théoriques sur des objets aussi lointains à la spéculation et à la sollicitude des cerveaux désœuvrés. En fait ils ne nous touchent pas, et l'illusion fugace des raisons pour ou contre pourra bien peut-être peser sur l'assentiment des écoles, mais difficilement sur l'avenir de l'honnête homme. La raison humaine n'a pas reçu les ailes qu'il lui faudrait pour fendre les nuages si hauts qui dérobent à nos yeux les secrets de l'autre monde, et à ces gens curieux, si pressés d'en être informés, on peut faire cette réponse, simpliste mais très naturelle, que la chose la plus sensée est de *bien vouloir prendre patience jusqu'à ce qu'ils y soient arrivés*[2]. Mais comme il est à présumer que notre sort dans l'autre monde pourrait bien tenir à la façon dont nous aurons rempli notre office[3] dans celui-ci, je terminerai sur ces mots que Voltaire fait dire par son honnête Candide comme conclusion à tant d'inutiles controverses : « occupons-nous de notre lot, allons au jardin et travaillons[4]. »

NOTES

1. *Art poétique*, vers 7 et 8, où il y a *fingentur* au lieu de *finguntur*. Même citation (et même retouche) au § 31 de l'*Anthropologie* (Ak. VII, p. 175). Tandis qu'Horace plaide surtout pour l'unité de composition, Kant l'utilise dans le sens d'une censure de l'irréel, contre « les images qui ne sauraient se présenter dans l'expérience » ; c'est ce qu'il fait encore, dans le même livre, au § 71 (Ak. VII, p. 247) où les vers 3 et 4 de l'épître aux Pisons (*turpiter atrum desinit in piscem* etc.), très fortement « sollicités », servent à classer le mensonge parmi les variétés de l'imagination.

2. Voir *Introduction*, p. 20-21. Il est possible que la rédaction prévue en cours d'année scolaire (ce que paraît vouloir dire la réflexion n° 3807, Ak. XVII, p. 299) ait commencé vers la fin du semestre d'été 1765 ; en tout cas c'est dans le désordre (voir lettre à Mendelssohn du 8 avril 1766) qu'elle s'est effectuée, Kant ayant projeté un voyage à Goldap (lettre des libraires Kanter dans Ak. II, p. 500) où il était l'invité du général von Lossow (Vorländer, *Immanuel Kant*, *op. cit.*, tome I, p. 120).

Notes de l'avertissement

1. Cette satire de l'Église romaine ne paraît pas très à sa place dans un livre dont le personnage central est fils d'un évêque luthérien. Faut-il entendre qu'elle est une bonne précaution, que l'anti-papisme soit une façon de jouer au protestant fidèle, et un moyen pour rassurer sur l'orthodoxie de l'auteur ? Pourtant elle semble avoir son sens, et se situer correctement à la frontière (plutôt qu'au seuil) du texte considéré dans sa seule méthode. Car il ne sera plus question de cela dans la suite, et précisément ce début veut faire comprendre cette omission, cette limitation du sujet. Les miracles faussement dénommés catholiques ont un style *particulier* : ils sont centralisés (autour de la hiérarchie, autour de Dieu) ; au service du despotisme et de l'exploitation (voir le symbole des chères cassettes), ils sont dissimulés, soustraits à la discussion publique ; monarchiques d'intention, ils sont théologiques, et non pas pneumatologiques. Kant prétend ne s'intéresser qu'à ce qui est offert à tous (*gemein*), rattaché à la créature humaine, à l'expérience du mixte, non au dogme de la création ou de l'incarnation. Voir sa note ci-dessus p. 70. Les miracles romains n'ont pas à être examinés, parce qu'ils refusent tout débat. Et les autres seront rejetés à leur tour, dans la mesure où l'on aura montré qu'ils diffèrent seulement l'aveu du même défaut : l'élucidation de leur sens à partir de pures notions fait apparaître les complaisances, les obreptions inadmissibles sans lesquelles ils ne sont pas théoriquement fondés ; l'étude de leur contenu notera discrètement le profit qu'ils retirent d'un contrôle incomplet ; l'étiologie soulignera l'organisation très spéciale qu'ils supposent chez le visionnaire. Être enfermé, c'est ne pas être.

2. La tiare vient d'Asie (comme la mitre vient d'Égypte) : le dieu Mardouk, Xerxès, les satrapes, Artaban, les prêtres de Cybèle, Atis,

Mithra (et même Junon) ont porté ce bonnet, diversement cerclé. Or l'un des lieux communs issus de la Réforme proclame que Rome, c'est Babylone, la ville assise sur sept montagnes maudite dans l'Apocalypse (17, 9), où le christianisme est en captivité. L'Allemagne frédéricienne, instruite au temps du Roi-Sergent, exercée aux trois langues mortes, rompue aux Écritures par toute la tradition des *collegia philobiblica*, entraînée par toute une école d'exégètes et de philologues (Bengel, Crusius, Ernesti, Kypke…) saisit au vol ces allusions parce qu'elle n'ignore pas les signes de l'Antéchrist, même s'il lui arrive d'en sourire : or le diadème est porté par le grand dragon rouge, « le serpent ancien, appelé le diable et Satan » (*Apocalypse* 12, 3) et encore par la bête qui monte de la mer (13, 1) ; certes il l'est aussi par le juste au cheval blanc (19, 11), mais cela ne fait qu'aggraver le cas de ces blasphémateurs qui osent se l'approprier (et que donner un plaisir malin à ceux qu'amuse cette imagerie). À l'embarras certain des auteurs catholiques (voir, plus près de nous, l'article *Tiare* du *Dictionnaire d'archéologie chrétienne et de liturgie* par Cabrol et Leclercq) répond la joie d'un protestant que les trois couronnes n'intimident pas : car la deuxième et la troisième ne sont pas antérieures au XIVᵉ siècle (Boniface VIII et Benoît XI) ; il est fâcheux, pour le symbole d'une vérité vénérable (en l'occurrence, celle des trois mondes : infernal, terrestre, et céleste) de n'être qu'une invention relativement récente : d'où le désordre qui y est mis par Kant, les deux mondes extrêmes (ceux qui sont « invisibles ») étant censés supporter l'autre. Les *Spottbilder* luthériens de 1545 (voir leur reproduction au tome 54 de l'édition de Weimar) traînent dans la boue (restons discrets) la tiare à la triple couronne. Mais rien ne marque mieux que cette fausse ressemblance l'écart entre les épigrammes (qui seules sont de Luther) et les *Rêves* de Kant. Luther attendait de Cranach qu'il mît l'accent sur l'aspect démoniaque de Rome et non sur sa laideur physique : « Meister Lucas ist ein grober Maler. Poterat sexui feminino parcere propter Creaturam (?) Dei et matres nostras. Alias formas papa dignas pingere poterat, nempe magis diabolicas ». Les éditeurs de Weimar (tome cité p. 358) disent parfaitement : « Luther aurait souhaité des formes plus diaboliques, plus fantastiques, au lieu de ces formes naturalistes ». On peut voir ci-dessus (p. 108) que le choix de Kant est inverse : voici un livre qui n'a pas sa place « sur la coiffeuse des dames » ; les auteurs de comptes rendus n'auront donc pas les mêmes ressources que pour les « Observations sur le sentiment du beau et du sublime » : il faudra qu'ils s'engagent ; d'un point de vue mondain, on comprend que cela les gêne.

3. *Lehrverfassungen*. Ici, comme plus bas p. 118 (où il vise *en tant qu'hommes privés* les membres des Académies) toute erreur sur le sens précis nous égare sur le genre de preuves qu'on doit demander à l'auteur. Or il n'y a pas de livre important qui justifie expressément une pareille accusation : ni l'*Entwurf der nothwendigen Vernunftwahrheiten* de Crusius (qui s'arrête prudemment sur l'état des âmes après la mort, et qui du reste centre sur Dieu ses paragraphes sur les miracles), ni l'*Experimental-Seelenlehre* de Krüger, ni les manuels de Baumeister (*Institutiones metaphysicae* ou *Elementa philosophiae recentioris*). Expliquons : la nature des écrits est de durer, de continuer leur existence dans des écrits nouveaux dont le point de départ est ce qui fut leur point d'arrivée, d'engendrer une histoire et une tradition. Au contraire (et c'est là pour Kant une affirmation permanente, que l'on retrouve dans la *Critique de la raison pratique*, 1 re partie, livre I, vers la fin du chapitre II) le mysticisme n'est qu'une fièvre sans durée (comme le stoïcisme pour Montaigne ou Charron, voir les *Pensées* de Pascal aux numéros 350 et 351 de l'édition Brunschvicg). Son expression écrite, publique, est tout à fait accidentelle. Mais l'enseignement, lui, plus sensible à la mode, l'accueille d'autant

mieux qu'un cours efface l'autre. Ici vient la question : où trouverons-nous les preuves ? L'accusation n'est que plausible. On peut présumer, par exemple, que les salons ont pesé pour faire pénétrer ce sujet de conversation dans le monologue professoral (voir les indications d'Ernst Benz aux pages 9-15 de son livre *Swedenborg in Deutschland, op. cit.*). Mais ce n'est rien de plus qu'un soupçon cohérent. On peut y ajouter qu'une métaphysique comme celle de Baumgarten, qui est principalement un dictionnaire systématique, qui mérite (par cela même qu'elle définit des mots sans affirmer des phrases) le reproche d'excessive souplesse (Kant le formule p. 107), et que Kant a utilisée pendant près de quarante ans (de 1757 à 1796, selon Benno Erdmann) pour fixer l'attention de ses étudiants, offrait dans ce sens-là une possibilité : son § 796, dans le cadre d'une théorie de la continuité des *essences*, pose *dans l'abstrait* la notion d'esprits finis qui ne sont pas l'homme, mais au-dessus ou au-dessous de lui ; le moindre complément équivaut toutefois, qu'il l'ait voulu ou non, à une position d'existence des *calodaemones* ou *cacodaemones* ; de là certaines «réflexions» consignées au tome XVII de l'édition de Berlin, pages 299 et 594 notamment ; il est clair que la première des deux plus importantes (n° 3807), si elle est réellement d'une date comprise entre 1764 et 1766, comme le veulent les éditeurs, se rattache aux *Rêves d'un Visionnaire* : elle prolonge le début de classification amorcé par le passage cité de Baumgarten, et son contenu mythologique ne laisse pas douter que ce soit sur le ton de la fantaisie, comme on parlerait du serpent de mer dans un cours d'histoire naturelle.

4. C'est ce qu'avait fait, en gros, Andreas Rüdiger, dont la *Physica divina* (1716) comportait un chapitre sur les spectres, où il refusait à la fois de tout nier et de tout croire, le sous-titre de son ouvrage étant : *recta via, eademque inter superstitionem et atheismum media, ad*

utramque hominis felicitatem ; naturalem atque moralem, ducens. Si Kant a connu ce livre, on peut dire qu'il lui refuse toute possibilité d'un « centrisme » quelconque en matière d'apparitions, et même celle d'une voie *droite* (dans la première partie des *Rêves*).

PREMIÈRE PARTIE

Chapitre premier : Un nœud métaphysique embrouillé

1. Trancher le nœud gordien, c'est user de violence (d'impatience) et poursuivre sa propre route. De même que l'*Avertissement* ne fait pas de réclame, de même ce titre de *chapitre* prévient le lecteur que rien ne l'oblige à lire et à s'intéresser, car sans doute il a mieux à faire. Cette astucieuse publicité profite à l'auteur qui d'avance élude les réclamations de ceux qui s'estimeront dupés. Même jeu plus loin p. 136. Elle contredit, en un sens, la façon de souligner les titres des première et deuxième *parties*. Mais ce contraste se rattache à un certain désir de maintenir l'équivoque ; le commentaire de l'œuvre à l'intérieur de l'œuvre empêche qu'on la prenne au sérieux ; il la fait apparaître comme celle d'un étranger, ou comme l'explication d'un texte que l'on subit, que l'on rend tellement extérieur que finalement il n'est plus là ; il nie les responsabilités, décourage les critiques, ou plutôt les dénonce et les ridiculise puisqu'il leur dérobe l'auteur. Les romantiques s'en souviendront.

2. Le dogmatisme « flatte la vanité » (*Critique de la raison pure*, Antinomie, 3e Section). Il a, comme dirait Alain, l'air sévère des « importants » ; la critique a le sourire ironique et résigné des « négligents », la résistance non-violente et passive du « *non liquet* » (voir

l'*Avant-propos* de l'*Essai pour introduire dans la philosophie la notion de grandeur négative*, fin du premier alinéa).

3. Voici les importants. Voir encore l'*Essai* sur les quantités négatives, dernières lignes de l'*Avant-propos*. Le mot allemand est *Weltweisen*.

4. Reimarus, *Observations physiques et morales sur l'instinct des animaux* (Amsterdam, Changuion, la traduction est de 1770, mais le livre original de 1760), tome I, p. 10 : « Notre corps ne fait partie de nous-mêmes que par les sens ».

5. Saint Thomas, *Summa contra gentiles*, liber II, caput LXXII : Quod anima sit tota in toto corpore et tota in qualibet parte. Étienne Gilson (*Index scolastico-cartésien*, Paris, Vrin, 1960, p. 106) cite Toletus, *De anima* : Anima rationalis quo est indivisibilis, tota est in toto corpore et tota in qualibet corporis parte. Haec est communis philosophorum sententia et habetur a St. August. 6 libr. de Trinit. Cap. 3... Rudolf Eisler (*Wörterbuch der philosophischen Begriffe*, 3 e éd. Berlin, E. S. Mittler, 1910, tome III, p. 1271) trouve la même formule dans Duns Scot (*De rerum principiis*).

Il est intéressant d'observer sur ce point comment Kant se tient à l'écart des modes, critiques ou dogmatiques. Voltaire (exemple des premières) affecte, dans les *Colimaçons*, de ne voir dans cette thèse que charabia : « La grande question que vous me posez, mon R.P., est la chose du monde la plus simple et la plus claire, pour peu que l'on ait étudié en théologie. Le grand St. Thomas, l'ange de l'école, dit en termes exprès : l'âme est en toutes les parties du corps selon la totalité de sa perfection et de son essence, et non selon la totalité de sa vertu (Q. LXXVI, partie 1 re) ». La référence, qui est exacte, concerne la *Somme théologique*, la phrase citée se trouvant à la fin de l'article VIII : « ... sufficit dicere, quod anima tota est in qualibet parte corporis secundum totalitatem perfectionis, et essentiae, non autem secundum

totalitatem virtutis… ». Diderot, qui représente le dogme fibrillaire
(dont Haller fut le fondateur) est guidé par l'image de la toile d'arai-
gnée (dont Kant se moque p. 75-76), agitée de mouvements centri-
fuges dans l'action et l'imagination, centripètes dans la réflexion et la
sensation : tantôt « le système » « se ramène… de ses extrémités au
centre du faisceau », tantôt il « se porte », « du centre aux extrémités de
ses filets ». Aussi faut-il « très peu de cervelle » pour former le *sensorium commune*, comme il faut peu d'espace pour recevoir le point où
des droites convergent, en quelque nombre qu'elles soient : voir
Éléments de Physiologie (éd. J. Mayer, Paris, STFM, 1964) aux pages
80, 89, 253, 300.

Entre l'omniprésence de l'âme dans son corps et la vision
géométrique d'un foyer de lignes concourantes, le choix est difficile à
faire, et il arrive fréquemment que l'on se borne à établir un ordre de
prépondérance entre ces conceptions pourtant contradictoires. Van
Helmont écrivait (*Sedes animae*, § 1) : « Nam etsi anima sit ubique, ubi
vita ejus est, attamen sicut Sol proprie non est nisi in suo loco, in coelo,
tametsi lumen ejus sit, quocunque adspicit, idem est prorsus de loco
centrali animae judicium ». De même chez Descartes (6ᵉ Méditation)
« quamvis toti corpori tota mens unita esse videatur », pourtant les
sensations sont projetées dans l'âme le long des nerfs qui peuvent
parfois être rompus. Aussi l'humour de Voltaire cache-t-il son embarras, quand il dit à Mairan (lettre du 5 mai 1741) : « La première fois
qu'on disséquera un corps calleux, mes respects à l'âme qui y loge ».
Et enfin chez Haller le schéma fibrillaire se complète par l'affirmation
de l'irritabilité comme propriété de la matière vivante (voir Kant ci-
dessus, p. 84) sous certaines conditions dont l'absence n'est pas grave
puisqu'elle se produit dans les parties *sensibles*, c'est-à-dire *animées*
d'une façon différente.

La raison de cet éclectisme est que l'âme partout présente et l'âme logée quelque part ont chacune leur domaine de signification. L'une a le sien dans l'ordre des faits (d'où sa faveur aux yeux de Kant) pourvu seulement que la vie soit tenue pour « index animae » (Van Helmont, *Sedes animae*, § 5). L'autre exprime que l'âme est simple, moyennant le postulat (l'obreption, selon Kant) que cette simplicité est celle d'une substance, et non pas seulement d'un acte.

Cela dit, le choix de Kant s'éclaire. Il coïncide en apparence avec celui des scolastiques, mais c'est pour des raisons différentes des leurs, et au prix d'une divergence sur le point souligné par le texte de Saint Thomas extrait de la *Somme théologique*. Ceux-ci en effet insistent sur la totalité, et le caractère indivisible, pour des raisons qui ne tiennent pas aux phénomènes observables, mais à d'autres considérations : en tant qu'indivisible l'âme est pareille à Dieu, lequel est tout entier dans chacun de ses attributs ; mais elle est aussi comme un concept, dont la compréhension est entièrement présente dans chacun des individus faisant partie de son extension, ce que précisent les mots de Saint Thomas que Voltaire refusait de comprendre : totalité d'*essence*, de forme, de perfection (c'est-à-dire, dans ce contexte, pleine présence d'une réalité). Par contre la présence envisagée par Kant est celle d'une vertu, d'une action, d'une efficience manifeste, celle-ci n'étant pas, comme celle de la matière, résistance à la pénétration extérieure, mais sensibilité, ou animation vitale. Le caractère spatial d'un sens (comme le toucher) est égal à celui de la force répulsive, encore que ce sens et cette force soient de natures différentes : ils ont tous deux un département, une circonscription dans laquelle ils s'exercent. Le lieu ne précède pas l'être (on n'a pas le droit de dire : tout ce qui est, est dans un lieu), c'est une fonction du phénomène. Cette position n'est pas conforme à l'apriorité de l'espace comme forme de la sensibilité (et comme essence de la phénoménalité). Car nous sommes avant 1769 (l'année qui apporta la fameuse « grande lumière »). Il faut nous mettre par la pensée dans une grande conception dynamiste des choses, tant spirituelles que matérielles. Quelque insignifiant que soit pour un savant le coup d'essai de Kant *Sur la véritable estimation des forces vives*, il ne peut laisser indifférent l'historien de sa philosophie : l'existence qu'il pose, d'une *vis activa* plus vaste que la *vis motrix* des leibniziens a pour dessein de faire concevoir le commerce de l'âme et du corps (voir notamment les § 6-7, 9-10 de son premier chapitre) ; la présence est action immédiate d'abord, et localisation par voie de conséquence (*Enquête sur l'évidence*, deuxième considération : où l'on retrouvera l'idée, également présente dans les *Rêves* ci-dessus p. 73, que l'espace suppose interaction, par suite pluralité et extériorité, ce que la *Dissertation de 1770*, au § 15 A, dénoncera comme un sophisme). Le caractère dérivé de la localisation demeurera pourtant dans la *Dissertation de 1770*, dans la notion d'une *praesentia virtualis, non localis*, de l'âme (§ 27, Ak. II, p. 414).

6. L'*orbis pictus* est une forme de matériel pédagogique dont l'invention revient à *Amos Comenius* (1592-1670), réformateur de l'enseignement, animateur de l'église morave persécutée, et adversaire de Descartes (voir la *Correspondance* de celui-ci, publiée par Ch. Adam et G. Milhaud, Paris, Alcan, 1940, tome III, p. 21, 406-408 ; tome IV, p. 30 ; tome V, p. 210). Kant mentionne à plusieurs reprises cet outillage scolaire qu'il n'estime pas beaucoup : dans sa *Pédagogie* (Ak. IX, p. 474) avec des réserves ; dans l'*Anthropologie* (Ak. VII, p. 183) avec une franche hostilité ; dans une note destinée à son cours de logique (Ak. XVI, p. 265) où il le prend pour exemple de ce qu'est une connaissance grossière (*cognitio crassa*) ; dans le même sens, au deuxième chapitre de la seconde partie des Rêves (ci-dessus, p. 135) ; de là, au § 51 de la *Critique du Jugement*, l'invitation à ne pas

confondre la parure et l'illustration, la peinture et l'encyclopédie. Les piétistes, eux, affectionnaient l'image et le commentaire d'images : le goût des moyens visuels se rattache au respect qu'ils ont pour les visions, et c'est ainsi qu'Oetinger a écrit une *Lehrtafel* où il explique un tableau fait au XVIIe siècle pour résumer la conception du ciel et de l'enfer dans la Cabbale chrétienne ; c'est pourtant la meilleure preuve que l'image tue l'idée, puisqu'il faut recréer l'idée quand on a devant soi l'image. À cela il faudrait ajouter la profusion de recettes, plus synoptiques que synthétiques, que l'on trouve dans les traités de logique, depuis *l'Art de penser* de Port-Royal jusqu'à Andreas Rüdiger, Joachim-Georg Darjes et Martin Knutzen : en quoi il y a peut-être une secrète équivoque, dépréciative pour la logique, car l'image est à deux tranchants, et si elle réalise ce qui est spirituel (de manière à accroître sa crédibilité), elle matérialise ce qui est intellectuel (au détriment de sa pureté) ; tantôt donc elle confirme, tantôt elle rabaisse. À ce deuxième aspect de la tableaumanie s'opposent un passage bien connu de la *Nova Dilucidatio* (Section I, prop. II, Scolie) mais surtout la *Fausse subtilité des quatre figures syllogistiques*, qui vise à repenser, ou à *penser* la logique, au lieu de l'exposer seulement : à protéger le rationnel contre l'invasion des mnémotechnies, comme le fait chez Descartes la lettre à Hogelande du 8 février 1640. Si le rapprochement avec l'*orbis pictus* a la valeur d'une objection, c'est parce qu'il est vexant d'avoir un point commun avec ce qu'on tient soi-même pour symbole d'erreur et de puérilité.

7. Confusion déjà dénoncée plus haut en page 73.

8. Argument peu probant : si le siège de l'âme est étroit, il est peu probable qu'on l'atteigne au milieu de toute la masse cérébrale qui l'enveloppe. Diderot l'a mieux vu : « La preuve, c'est qu'une portion de cette substance détruite ou blessée qu'elle soit, les fonctions des nerfs ou de l'entendement ne s'en font pas moins » (*Éléments de*

Physiologie, *op. cit.*, p. 80). On peut donc faire signifier par les observations cliniques plutôt la thèse du siège ponctuel. Celles-ci n'ont pas manqué à l'époque de Haller : J.-G. Krüger en cite plusieurs dans la partie concrète de son *Versuch einer Experimental-Seelen-lehre*, 1756, notamment p. 113-116, 179-180 ; mais elles sont moins récentes et moins nobles que celles qui sont attestées, dans les mémoires de l'Académie de Berlin, en 1752 par Eller (p. 299-313) et en 1761 par Meckel (p. 59-73).

9. Il est bien difficile à un lecteur français d'imputer à Descartes une telle alliance de mots. Car justement c'est là un sens du mot *idée* contre lequel il a protesté, désapprouvé en cela par ses contemporains : « Pour le commun les philosophes, dit un correspondant de Mersenne, idée signifie habituellement un concept simple, comme l'image qui demeure (selon leur langage) dans la fantaisie, et qu'on appelle aussi fantôme. Mais l'auteur des Méditations déclare qu'il n'entend pas ainsi l'idée de Dieu » (lettre du 19 mai 1641 dans *Correspondance* de Descartes, *op. cit.*, tome IV, p. 354-355). En effet, si telle est l'idée, il n'y a pas d'idée de Dieu, et Descartes le confirme en réponse à la 5e objection de Hobbes : « Hic nomine ideae vult tantum intelligi ima-gines rerum materialium in phantasia corporea depictas : quo posito facile illi est probare, nullam Angeli nec Dei propriam ideam esse posse ». Les deux lettres à Mersenne du 16 juin 1641 et de juillet de la même année soulignent que l'idée est purement intelligible, et inté-rieure à la pensée : « ... par le mot Idea j'entends tout ce qui peut être en notre pensée... » (*Correspondance*, IV, p. 359). « Car je n'appelle pas simplement du nom d'idée les images qui sont dépeintes en la fantaisie ; au contraire je ne les appelle point de ce nom, en tant qu'elles sont dans la fantaisie corporelle : mais j'appelle généralement du nom d'idée tout ce qui est dans notre esprit, lorsque nous concevons une chose, de quelque manière que nous la concevions »

(*Correspondance*, IV, p. 377). *Idée matérielle* est un langage possible, seulement quand on n'est pas Descartes, pour désigner ce qu'il appelle image des choses matérielles.

Quant à ces images elles-mêmes, la physiologie mécaniste leur fait nécessairement une place. Elles sont des relais entre l'âme et les sens, dans le cadre d'une doctrine qui localise l'âme à distance des organes des sens, comme font les *Principes de la philosophie* (IV, 196) : « Et on peut aisément prouver que l'âme ne sent pas en tant qu'elle est en chaque membre du corps, mais seulement en tant qu'elle est dans le cerveau, où les nerfs, par leurs mouvements, lui rapportent les diverses actions des objets extérieurs qui touchent les parties du corps dans lesquelles ils sont insérés ». Elles sont donc, plutôt que des clichés aplatis, à deux dimensions seulement, des possibilités matérielles de mouvements, des structures vibrantes individualisées, des trajets ouverts une fois, et tout prêts à s'ouvrir encore pour une évocation de l'objet en son absence : c'est ce qu'on lit aux articles 23, 35, 42 des *Passions de l'âme*. Car c'est bien l'imagination qui se trouvera expliquée par là, comme cela ressort des paroles de Kant, et comme Descartes s'en charge dans le *Traité de l'homme* : « les idées » (c'est lui-même qui prononce ce mot…) « qui se forment sur la superficie » de la glande centralisatrice « procèdent aussi des impressions de la mémoire », dont l'imagination n'est qu'une variété, sensiblement pathologique : « Mais si plusieurs diverses figures se trouvent tracées en ce même endroit du cerveau, presque aussi parfaitement l'une que l'autre, ainsi qu'il arrive le plus souvent, les esprits recevront quelque chose de l'impression de chacune, et ce, plus ou moins, selon la diverse rencontre de leurs parties. Et c'est ainsi que se composent les chymères, les hypogrifes, en l'imagination de ceux qui rêvent étant éveillés, c'est-à-dire qui laissent errer nonchalamment çà et là leur fantaisie, sans que les objets extérieurs la divertissent, ni qu'elle soit conduite par leur raison » (éd. Adam-Tannery, Paris, Vrin, 1973, XI, p. 184).

Wolff, qui hésite (comme tout le XVIIIᵉ siècle de Haller jusqu'à Soemmering) entre la conception fibrillaire et la conception humoriste (voir le scolie du § 111 de sa *Psychologia rationalis*), mais qui dans un cas comme dans l'autre conçoit la sensation comme une transmission ou un transport, a besoin de relais et d'intermédiaires. Croyant faire l'économie des hypothèses relatives au fonctionnement des nerfs, il se contente de nommer les mouvements qui l'encadrent, l'initial et le terminal, l'un situé dans l'organe, l'autre dans le cerveau (duplex accidit mutatio in corpore, *ibidem*, § 112, Scolie) : c'est ce dernier qui est pour lui l'idée matérielle, l'aspect phénomène l'emportant, à cet endroit, sur l'aspect chose. « Motum ab objecto sensibili organo impressum dicemus posthac *speciem impressam*. Motum vero inde ad cerebrum propagatum vel ex illo in cerebro enatum *ideam materialem* appellabimus ». L'aspect chose paraît reprendre le dessus lorsqu'il faut expliquer le retour spontané de mouvements déjà effectués, qui est pour lui la cause de l'imagination (laquelle n'est, comme on voit, qu'une fausse perception) : « Si eadem in cerebro excitatur idea materialis, eadem quoque in anima nascitur idea sensualis et contra » (*Psychologia rationalis*, § 118). Kant puise, donc, dans l'arsenal d'une conception de l'âme *qui n'est pas la sienne* une explication possible des visions. Tout ce qu'il peut dire, c'est donc bien que cette conception-là se réfute elle-même. Lui-même n'a aucun droit à venir la réfuter. Aussi cherchera-t-il une autre explication dans le troisième chapitre de cette première partie.

Si nous avons cité l'ensemble de ces textes, c'est parce que Kant professeur ne pouvait pas manquer d'y recourir, pour développer aux étudiants un thème traité par Baumgarten avec une concision excessive au § 560 de la *Metaphysica* : « Motus cerebri, coexistentes animae repraesentationibus successivis *ideae materiales* vocantur. Hinc ideae materiales sunt in corpore sentientis vel imaginantis animae ».

10. Le *sensorium commune* est une partie de la matière, tout comme le point de concours commun à un faisceau de droites est un terme géométrique au même titre que les droites et que chacun de leurs points : sa position le distingue, mais non pas sa nature. Ainsi la simplicité de l'âme, si elle est affirmée d'une substance comportant localisation, ne nous préserve pas du matérialisme : nous l'avons vu plus haut dans notre note 6 de la page 156, avec l'exemple de Diderot. Et s'il est vrai au fond que Voltaire a nié la spiritualité de l'âme (voir sur ce point Foucault, *Histoire de la folie, op. cit.*, p. 252 à 256) il n'a pu le faire qu'en lui assignant ce logement où « elle étouffe,… les fenêtres étant bouchées ». Comme Kant le dira dans l'alinéa suivant, nous n'avons qu'*une* idée de substance, et elle se rapporte aux substances matérielles : nous sommes donc condamnés à y perdre l'esprit, à y enfermer tout sans espoir de sortie, si nous ne préférons pas rester dans l'expérience, qui ne connaît de l'âme que ses fonctions et ne propose rien au-delà.

11. Ce trait est rapporté par Hansch, qui fut l'ami de Leibniz (à ce titre, le destinataire de la fameuse lettre *de enthusiasmo platonico*, voir éditions Dutens, II, p. 222-225) et aussi l'éditeur des lettres de Képler. Il se trouve aux p. 134-135 de son livre *Principia philosophiae more geometrico demonstrata, cum excerptis ex epistolis philosophi* (c'est-à-dire de Leibniz) *et scholiis quibusdam* (Francfort et Leipzig 1728). Il sert de scolie au théorème LXXXVI : *Differentia interna Monadum derivativarum consistit in gradu perfectionis essentialis repraesentandi unum idemque universum.* Voici le texte : ex mente Philosophi (donc, répétons-le, de Leibniz) species Monadum derivativarum non ita respicere Monadata, in quae ingrediuntur, ut fieri non

possit, quin inter Elementa compositi alicujus sint Monades, non nudae tantum, sed et animae sensitivae, et tales etiam, quae aliquando futurae sint rationales. Ita memini Leibnitium, cum Lipsiae me conveniret et potu *Caffée* cum lacte, quo quam maxime delectabatur, uteremur ambo, in discursu de hoc argumento inter alia dixisse : *se determinare non posse, annon in hoc vasculum, e quo potum hauriebat calidum, Monades ingrederentur, quae suo tempore futurae sint animae humanae.* Moralité : les philosophes ne devraient pas boire leur café au lait avec n'importe qui, s'ils ne veulent pas que leurs propos de table se transforment, une fois répétés, en réfutations par l'absurde. Toutefois (ou plutôt : tout naturellement) la doctrine ici anéantie par la sottise de ses corollaires ne ressemble nullement à celle de Leibniz : ce ne serait, si l'on peut dire, que celle d'un cartésien disciple de Haller.

12. Kant ne prétend pas que ses principes feront cette réfutation, puisque (sa note de la p. 77 le précise) il se défend d'avoir des thèses sur « une sorte d'êtres aussi inconnue » que l'âme. Mais cette réfutation (celle qu'il a montrée dans l'alinéa précédent) se fera toute seule, par le déroulement des conséquences d'une doctrine allant fatalement à sa ruine, et cela tiendra lieu de victoire pour sa façon à lui de procéder, laquelle se résout à certaines ignorances, particulièrement (comme le disait déjà l'*Enquête sur l'évidence*, Ak. II, p. 293, 3e Considération, § 2) sur la manière « inconcevable » selon laquelle un esprit est présent dans l'espace.

Chapitre II : Philosophie occulte

1. *Énéide* VI, vers 268-269.

2. Cette définition est en fait dynamiste, parce que la matière est d'abord désignée comme remplissant l'espace, c'est-à-dire comme

exerçant une force de résistance à la pénétration (*Enquête sur l'évidence*, 2e Considération, 1er alinéa de l'«exemple», Ak. II, p. 287). Sur ce point Kant s'oppose nettement à Baumgarten, dont il commente cependant la *Métaphysique* dans ses cours. Celui-ci en effet définit la matière comme étendue et inerte, et accessoirement douée de *vis motrix*, ce qui est plus cartésien que leibnizien ou newtonien. Kant, lui, n'oublie jamais l'impénétrabilité qui, répétons-le, est une force. Ainsi Ak. XVII, p. 295 : «extensum impenetrabile iners est materia» (réflexion n° 3796) ; encore (p. 543, n° 4431) : «Extension et impénétrabilité suffisent pour le concept de matière ; la matière pure et simple réclame en supplément l'inertie ; la matière spontanée (vivante) n'est pas pure et simple matière». La matière n'est, dans une hiérarchie de concepts, qu'une espèce de la substance, «conditionnée» précisément par l'impénétrabilité (n° 3893, p. 331) qui est sa différence spécifique.

3. Définition de Baumgarten (*Metaphysica*, § 403) : Nexus spirituum alicujus mundi inter se est pneumaticus. Iam in omni et hoc mundo, cui spiritus insunt, singulis singuli connectuntur. Ergo in hoc et omni mundo, cui spiritus insunt, est nexus pneumaticus universalis. Ceci, en vertu du principe : in mundo non datur insula (qui est, bien entendu, dans l'esprit de Baumgarten, la définition pure et simple du monde). L'expression de lois pneumatiques ne doit pas surprendre chez Kant, aux yeux de qui l'âme est nature au même titre que les corps : la *physiologia* (théorie de la nature) se décompose en psychologie et en physique (Ak. XVII, p. 512, réflexion n° 4340). Pour Baumgarten, le *nexus pneumaticus* embrassait le règne de la grâce. Pour Kant la liberté s'oppose à la nature, mais reste soumise à des lois.

4. Voir ci-dessous note 8 de la page 165. L'absurdité de la négation d'une réunion des purs esprits ne doit pas empêcher de percevoir l'ironie : la logique *part* de concepts, mais ce n'est pas *là-*

bas que nous sommes. Ce que l'on doit comprendre ici, c'est que (comme plus haut la possibilité) l'impossibilité ne saurait s'établir sur des raisons a priori.

5. *Organischer Nahrungstheilchen aller Thiere.* Voir les textes au tome II des *Œuvres de Maupertuis* (en 4 volumes) que nous citerons d'après la « nouvelle édition », de Lyon, 1768. Ce sont essentiellement le *Système de la nature* (*essai sur la formation des corps organisés*), la *Réponse aux objections de M. Diderot* (qui l'avait critiqué au § L des *Pensées sur l'interprétation de la nature*), et la *Lettre XIV* (*sur la génération des animaux*). Quelle que soit la tentation de placer en cet endroit une formule connue, la traduction doit s'en tenir aux « particules nutritives » : car c'est Diderot qui a usé du terme de *molécule* (voir les passages reproduits par Maupertuis aux p. 190 et 203 de sa *Réponse*) en exposant à sa manière les § XVIII-XIX du *Système de la nature* qui parlaient simplement de « petites parties de la matière » (le § XXXI dit aussi « élément ») ; quant aux « molécules organiques », certes Maupertuis en parle dans sa *Lettre XIV*, mais c'est en rapportant la pensée de Buffon. Or celle-ci, contemporaine de la pensée de Maupertuis, peut-être légèrement antérieure (s'il faut en croire la date de février 1746 indiquée par Buffon lui-même, alors que le *Système de la nature* est de 1751, seule la *Vénus physique*, dont Buffon avoue la lecture, étant de 1745) et en tout cas formée de façon indépendante, en diffère sur un point qui paraît important, et qu'on peut étudier aux deux premiers chapitres de l'*Histoire des animaux* : c'est l'affirmation d'une matière insensible et inanimée, laquelle « n'a ni sentiment, ni sensation, ni conscience d'existence » ; « lui attribuer, ajoute Buffon, quelques-unes de ces facultés, ce serait lui donner celle de penser, d'agir et de sentir à peu près dans le même ordre et de la même façon que nous pensons, agissons, et sentons : ce qui répugne autant à la raison qu'à la religion ». Passons sur ces difficultés religieuses, que

Diderot se fait un plaisir d'objecter (son texte est reproduit à la page 204 de la *Réponse*), et que Maupertuis conteste (*Système de la nature*, § XV-XIX, mais surtout § LXVI). Notons seulement que l'expression de *molécules organiques* suppose que toutes ne le sont pas, cette limitation de l'organique étant réclamée par Buffon et rejetée par Maupertuis (aussi l'avons-nous évitée) : nous sommes « formés de terre, composés de poussière », dit le « grand phrasier » du Jardin du roi, qui ne professe donc pas l'hylozoïsme.

Le « *Système de la nature* » est en quête d'un principe à la fois simple et explicatif (§ XXIV et § XII). L'attraction est insuffisante en présence de l'organisation : « il faut avoir recours à quelque principe d'intelligence, à quelque chose de semblable à ce que nous appelons *désir, aversion, mémoire* » (§ XIV) ; « jamais on n'expliquera la formation d'aucun corps organisé par les seules propriétés physiques de la matière » (§ XXVIII) ; la génération, qui est mélange d'humeurs (§ XXXII-XXXIII, résumant la doctrine de la *Vénus physique*) atteste les tendances électives de la matière, sa spontanéité (§ XL et § L) comme la stérilité atteste ses répugnances (§ XLIII). L'avantage d'un principe simple étant de pouvoir être élargi, Maupertuis désigne le sien dans les termes les plus généraux : « la coexistence de la pensée avec l'étendue » (§ XXII) dans « un sujet dont l'essence propre nous est inconnue », les phénomènes seuls nous étant accessibles. Le *moins* étant plus explicable, moins difficile à obtenir, et plus probable que le *plus*, « les métaux, les minéraux, les pierres précieuses ont été bien plus faciles à former que l'insecte le moins organisé » (§ XLIX). « Les parties les moins actives de la matière auront formé les métaux et les marbres ; les plus actives les animaux et l'homme » (*ibidem*). La perception étant aussi essentielle, aussi réelle que l'inertie, son total est invariable ; les corps sont des combinaisons d'éléments (§ LIII) et des réunions de perceptions (§ LVI) gouvernées en chacun par une hiérarchie particulière mais inévitable (et sans aucune perte de substance, de quelque côté que ce soit) : comme il y a en nous un ordre, une gradation dans la nécessité des parties constituantes, « cette analogie, en diminuant toujours, peut s'étendre jusqu'aux zoophytes, aux plantes, jusqu'aux minéraux, aux métaux ; et je ne sais pas où elle doit s'arrêter » (§ LV). Ici Maupertuis utilise la découverte de Peyssonel sur la vraie nature du corail (voir l'article *Corail* dans l'*Encyclopédie*, et déjà l'article *Animal*) : « l'on a pris longtemps pour des plantes, ou pour des pierres, les coraulx, les madrépores, et plusieurs corps de cette espèce, qui ne sont que les ouvrages de quelques insectes marins qu'on n'avoit point apperçus » (§ LXI) ; si des animaux peuvent donner toute l'apparence des pierres, pourquoi toutes les pierres ne seraient-elles pas animées ? – Il est remarquable que Buffon, au chapitre premier de l'*Histoire des animaux*, ait tiré du même fait une conclusion inverse : les animaux peuvent ressembler à des plantes ou à des fleurs ; mais jamais un règne inférieur n'imitera le supérieur ; il faudra donc l'intervention des végétaux et des animaux pour vivifier la matière, selon un processus qui ne peut pas s'achever, parce que son pouvoir est borné : il en restera toujours une part irréductible de matière non assimilée.

6. Boerhaave, *Elementa chemiae*, Pars II, *De theoria artis*, De animalibus ; 2ᵉ éd., Paris, G. Cavelier, 1733, p. 35 : « … (animal) dicitur corpus hygraulicum, motu assiduo, et definito, humorum per vasa vivens ; atque intra se gerens vasa, radicum instar, per quae materiem alimenti, nutrimentique hauriat… Cibi, potusque… materiem praebent, terramque alentem referunt plantarum. Oris ergo, oesophagi, ventriculi, intestinorum tenuium superficies cava, animanti cuicunque interna, hanc offert. Unde alimenta plantarum radicibus externis, animalium internis, hauriuntur ; terra alens stirpi externa semper, interna vero animali perpetuo habetur… » ; et cela,

même chez « les moules, les huîtres, et autres zoophytes ». Même idée
(mais sous une forme moins complète) in *Historia plantarum quae in
horto academico Lugduni batavorum crescunt* (Rome, 1727), p. 3 :
« Planta ergo est corpus organicum, alteri cuidam cohaerens per aliquam partem sui, per quam partem cui inhaeret nutrimenti, incrementi
et vitae materiam capit et trahit ».

Le texte de l'*Historia plantarum* est cité par Linné (*Philosophia
botanica*, Introductio, § 3), et celui des *Elementa chemiae* (ou du
moins son contenu) par de Candolle, *Théorie élémentaire de la
botanique* (2ᵉ éd., Paris, Déterville, 1819, p. 14). Mais on ne fait
pas toujours à Boerhaave l'honneur de le nommer : ainsi dans
l'*Encyclopédie*, à l'article *Végétation* (passage sur la germination
d'une amande) ; Bonnet, *Considérations sur les corps organisés*
(n° LXXVIII, Différence entre les plantes et les animaux relativement
à la nutrition) ; Tiedemann, *Traité complet de physiologie de l'homme*,
1ʳᵉ partie, § 157. Plus dur et plus franc, Richerand lui conteste la
paternité de cette idée (Nouveaux éléments de physiologie, an X,
p. XXXII-XXXIII) et renvoie à Hippocrate, dans son ouvrage « véritable ou pseudonyme… sur les humeurs » ; voici la traduction du § 33
de ce traité par Tournon (Toulouse, an IX, tome I, p. 67) : « L'estomac
est pour les animaux ce que la terre est pour les arbres. Il en provient
nourriture, chaleur, froid ; chaleur, quand il est plein ; froid, quand il
est vide. Comme la terre bien fumée est chaude l'hiver, le ventre
l'est aussi dans cette saison ». L'année précédente, Georges Cuvier
(*Leçons d'anatomie comparée*, an VIII, tome I, p. 12-13) avait, en
toute simplicité, admiré « l'expression énergique de Boerhaave, de
véritables *racines intérieures* ».

L'historien soucieux d'exhaustivité attend sans doute ici une
comparaison du thème boerhaavien ou hippocratique avec l'homme
« plante céleste » cueillie au jardin de Platon, et avec les conceptions

structurales d'Aristote. L'essentiel est déjà indiqué dans le *Timée* par l'expression φυτὸν οὐκ ἔγγειον ἀλλὰ οὐράνιον : le contraire de la plante n'est pas l'animal, mais l'homme ; le rapport selon lequel se fait l'opposition n'est pas l'enveloppement d'un être dans un milieu, mais la ligne tendue entre la terre et le ciel, coupée pour ainsi dire perpendiculairement par les quadrupèdes qui ne sont ni droits ni renversés, mais couchés sur leurs pattes. Le ciel n'est pour Platon qu'une autre sorte de patrie, sur le modèle de la terre : l'origine chtonienne, dirait un mythologue (voir C. Lévi-Strauss, chapitre XI de l'*Anthropologie structurale*) est maintenue dans sa négation, puisqu'elle induit par symétrie l'idée d'une origine céleste, destinée pourtant à la remplacer. Cette direction verticale est épaissie chez Aristote par des arguments plus « physiques » : le chaud s'élève (dans l'homme comme dans l'univers) jusqu'à l'endroit où cette qualité se détruit, et où (changé en son contraire) il est forcé de redescendre (le trajet du cœur au cerveau est celui de l'évaporation, laquelle précède la pluie) ; de plus, le haut est ce qu'on désire, et le bas ce que l'on expulse : ainsi l'homme a la station droite, le haut et le bas qui sont en lui regardant respectivement le haut et le bas de l'univers ; ainsi également l'analogue des racines n'est pas l'estomac-réservoir, mais la bouche preneuse d'aliments : voir *De l'âme*, 412 b 3 (traduction Tricot, p. 68), *Parties des animaux*, 687 a (Paris, Les Belles Lettres, 1957, p. 136), *De la jeunesse et de la vieillesse*, 468 a, fin du § 1 (dans *Petits traités d'histoire naturelle*, Paris, Les Belles Lettres, 1953, p. 103).

Cette différence pourtant claire entre un retournement et un renversement échappe parfois, les traducteurs parlant de *centre* là où il ne s'agit que du *milieu* d'une ligne (*Petits traités*, *op. cit.*, p. 107). Encore s'en faut-il de beaucoup que ce soit la plus importante. Car le mot plante a au XVIIIᵉ siècle une toute autre valeur que dans l'œuvre d'Aristote. Celle-ci en effet a une raison urgente de vouloir que les racines se comparent à la bouche plutôt que la bouche aux racines : c'est que dans l'homme les organes sont différenciés, mais dans la plante plus effacés ; si l'âme ne se dit que d'un corps organisé, et si l'on ne souligne pas les organes de la plante, il n'y aura pas d'âme végétative ; il faut donc sauver dans la plante l'originalité de ses diverses parties, affirmer qu'elles sont « elles aussi des organes, mais extrêmement simples » (De l'âme 412 b 1). Cela signifie que *le végétal est intuitionné comme vivant*, malgré quelques difficultés à le maintenir comme tel sur le plan du discours et de la description. Or ce dernier scrupule fait très souvent défaut à l'heure où Kant écrit, ou plus précisément l'intuition pour laquelle ces difficultés-là devenaient un scrupule a disparu : il n'y a plus de sens de la vie végétative. C'est le cas notamment chez Hoffmann et les auteurs de son école, comme Sprengel l'a vu, mais insuffisamment, dans son *Histoire de la médecine* (traduction Jourdan et Bosquillon, paris, Déterville – Th. Desoer, 1815-1820, tome V, p. 309). Hoffmann distingue trois sortes d'actions : vitales, naturelles, animales ; animale est la faculté de sentir et de désirer, animale aussi l'intelligence (sentiens et appetens facultas, neque minus mens, qua intelligimus, cogitamus et libere agimus : *Opera*, tome I, p. 97) ; naturelles sont les fonctions servant à réparer les forces, nutritives par conséquent ; vitales enfin celles qui commandent les autres, ce qu'on peut dire des mouvements du cœur (*Opera*, I, p. 54). Boerhaave partait de la chimie ; Hoffmann, lui, de la circulation (du sang et des autres humeurs) ; son disciple Eberhard le souligne : « Boerhaavius incipit ab alimentorum mutatione, alii a generatione incipiunt, alii ut Hofmannus actiones corporis primo vitales, dein naturales ac tandem animales demonstrant » (*Conspectus physiologiae et dietetices*, tome I, p. 62) ; le paragraphe premier de la physiologie stipule : « Cum vita consistat in motu humorum et potissimum sanguinis circulatione, necesse est ut sanguis consideretur » (*ibidem*).

La conséquence est évidente : là où il n'y a pas de sang ni de circulation, il ne saurait y avoir de vie. Allons plus loin ; les premières « lois » qui distinguent *a plantis animalia* (pour ce disciple qui a lu évidemment Haller) sont la sensation et l'irritabilité ; mais où les trouve-t-on ? Celle-là dans les nerfs seulement ; celle-ci « in solis deprehenditur fibris musculosis » ; les plantes ont-elles des muscles ? « Tendines, nervi ac tela cellulosa hac facultate destituuntur » (*ibidem*, p. 15) : on se demande à plus forte raison ce qui peut rester aux végétaux. Or il faut bien savoir que si la négation de la vie végétative est *impliquée* dans ce résumé, elle était *expresse* chez Hoffmann, dès le début de sa *Medicina rationalis systematica* ; la vie, écrivait-il, dépend du cœur et des artères : « vita itaque rectius definitur, quod sit motus progressivus, in circulum abiens sanguinis atque humorum, ab impulsu cordis et arteriarum, nec non ab elatere fibrarum proficiscens, secretionibus atque excretionibus totum corpus a corruptione atque in integritate conservans ejusque functiones gubernans ». Et cela, il ne le dit pas en tant que médecin n'ayant affaire qu'à des hommes, mais en tant que physiologiste, dans un chapitre (Lib. I, Sect 1, caput II, § II) qui s'intitule : *De vitae ac mortis natura et causa*, et non pas de la vie et de la mort de l'homme. Cela est formellement précisé : « Neque vero omnis motus fluidorum in machinis dici potest vita, sed is tantum, qui fit a cordis reciproca systole et diastole, et ubi fluida in orbem mota incalescunt. Scholion : Quanquam in plantis, quae crescunt, motus succorum animadvertitur, neutiquam tamen vitam ipsis competere recte dicitur, eo, quod carent corde et sanguine calido ac purpureo. Qua de causa vegetabilia non proprie vivere, sed crescere, nec mori, sed excrescere, dicuntur ». Donc, les plantes sont *machines* et elles ne vivent pas.

Il fallait insister sur ce fait. Non seulement parce qu'il est oublié aujourd'hui (l'influence de Lamarck a balayé tout cela). Mais surtout parce que seul il nous permet de saisir la suite des idées dans l'alinéa qui est en question : Kant se demande de quoi va être composé le grand rassemblement des principes vitaux ; si l'on dit, avec Boerhaave, que l'animal est une plante, il sera difficile d'admettre dans cette communion des vies les représentants du règne animal ; si l'on renverse la formule, si la plante est un animal, on pourra au contraire l'étendre généreusement à la totalité du règne végétal. Ce n'est plus seulement avec les ânes que l'on ira en paradis, mais aussi avec les chardons.

7. Pour Aristote l'âme motrice est autre que l'âme nutritive ; mais celle-ci demeure une âme, bien qu'elle existe sans celle-là : elle est même la condition de la présence des autres âmes, l'inférieur étant nécessaire pour porter le supérieur « chez les êtres mortels du moins » (*De l'âme*, II, 2, 413 a 31). Au contraire, nous venons de le voir dans la note précédente, sous l'influence de Hoffmann les contemporains de Kant sont opposés à la vie des plantes ; en ce sens la notion d'âme végétative est pour eux une vieillerie. Or un facteur considérable, bien qu'il tende à nous échapper, élargit cette négation. Parce que Leibniz professe une physique finaliste, on oublie en effet que sa biologie est d'un mécaniste rigoureux ; du reste son finalisme consiste uniquement à faire usage du calcul différentiel au lieu de la géométrie algébrique de Descartes ; on ne sait plus qu'il a été le protecteur et le maître à penser de Hoffmann, et qu'il a osé défendre contre Stahl la conception du corps vivant comme machine à eau et à feu, dans une âpre polémique dont on trouvera les pièces dans l'édition Dutens, tome II, 2 e partie, notamment p. 144. Rien d'étonnant si son école nie également l'âme motrice, témoin ce passage de Baumeister (§ 182 de sa Métaphysique, comprise dans les *Elementa philosophiae recentioris*, que nous citons d'après une édition tardive, parue à Vienne en 1774) : « Veteres animam distinguebant in *rationalem*, *sensitivam* et *vegetativam* ; at ita succum vigoremque, quo vita continetur, corpusque

movetur, cum eo spiritu, qui in corpore hospitatur, sentit, intelligit, et
sapit, confundebant ». Bref le mouvement n'est pas le fait d'une âme,
et si les animaux ne se distinguent des plantes que par le mouvement
qu'ils doivent faire au-devant de leur nourriture, il n'y a pas d'âme
animale. L'âme commence à la sensation, et le tout est de savoir à qui
on l'attribue.

L'ambiguïté que nous voyons entre l'âme motrice et l'âme
sensitive pour définir l'âme animale montre ce qu'il y a d'artificiel
dans ce chiffre de trois où le terme médian change selon les énoncés :
on sait que ce n'est pas Aristote qui a fondé ce dogme trinitaire et
borné l'énumération. Ce que fait apparaître le langage de Kant, c'est
une faveur déterminée pour un pluralisme qui ne l'est pas : nous disons
bien une faveur, et non pas une approbation. Pour lui la multiplicité
des âmes n'est pas vraie ; elle est seulement très importante pour
approcher la vérité. Elle ne l'intéresse pas par la forme qu'elle prend
(puisque justement il n'y croit pas) mais par le sens qu'elle veut
traduire, et sur lequel elle se méprend. Plusieurs espèces d'âmes présentent l'avantage de permettre d'animer un plus grand nombre
d'êtres ; peut-être, certes, l'inconvénient de tendre vers l'hylozoïsme,
mais en traversant (ce qui est un bien) le dynamisme dont on sent qu'il
est la conception de Kant (voir la note 6 pour la page 75) ; enfin cette
diversité ressemble du dehors (sans y être équivalente, et c'est par là
qu'elle est fautive) à cette dispersion de l'âme, omniprésente dans
toute l'étendue du vivant, tellement préférable à l'âme solitaire
logée dans une place élue. Cette confusion d'abord maladroitement
commise, et ensuite résolue malencontreusement, est ce par quoi nous
intéresse l'histoire de l'un des thèmes évoqués par Kant à cette
occasion : la vie des morceaux d'un vivant. Aristote n'avait pas ignoré
ce phénomène, tant pour les végétaux que pour certains animaux (*De
l'âme*, II 2, 413 b, 16 à 22), «chacun des segments possédant la

sensation et le mouvement local » : puisqu'il y trouve l'emploi de son
âme sensitive et de son âme motrice, il est fondé à en faire usage. Les
Stoïciens l'étaient aussi, dans le cadre, tout différent, de l'affirmation
qui était la leur : l'omniprésence du souffle divin. Il a souvent été
remarqué, dit Cicéron justifiant l'universalité de la chaleur vitale
selon l'enseignement de Cléanthe, « que le cœur d'un animal, une fois
arraché, avait de vives palpitations, à l'image du mouvement rapide du
feu » (*De natura deorum*, II, 24 ; dans *les Stoïciens*, « La Pléiade »,
Paris, Gallimard, 1962, p. 417). Et cependant, au temps de Kant, ce
sont des mécanistes qui se prévalent de ce fait : Hoffmann, pour le
cœur des poissons (Sprengel, *Histoire de la médecine, op. cit.*, tome V,
p. 285-286) ; Haller, pour les intestins arrachés qu'il a vus ramper sur
la table (*Mémoires sur la nature sensible et irritable des parties du
corps animal*, tome premier, section XVI, plus spécialement à partir
de l'expérience 459), et même pour des nerfs (« etiam separati a
cerebro nervi irritati convulsionem faciunt », *Physiologia*, tome IV,
p. 337-338). Mais c'est parce qu'à leurs yeux (comme à ceux de
Descartes au siècle précédent) une telle propriété était purement
matérielle : Sprengel (*loc. cit.*) l'a relevé pour Hoffmann ; et Haller le
confirme (*Éléments de physiologie*, § CDX) en observant une forme
de la contraction des muscles coupés « dans le cadavre même » ; elle se
rattache exclusivement à un certain état de la chair : elle est « propre à
la fibre molle », et « elle disparaît dans la fibre qui se durcit ».

Le sens que prennent pour Kant de telles observations est lisible
premièrement sur l'ordre dans lequel il les range : qu'il y ait dans les
segments d'animaux une vie, signifie que leur âme est décentralisée ;
l'irritabilité fait descendre la vie dans toute matière propre à la manifester, fût-elle d'origine végétale (Kant songe sans doute à la *Mimosa
pudica*) ; et cette forme de vie que nous voyons mordre ainsi les frontières du règne végétal le peut d'autant plus librement qu'elle en

occupe déjà les marches, en s'emparant des zoophytes. Comme cela s'est fait chez Maupertuis (voir notre note 5 pour la page 83), sans aller toutefois aussi loin, l'accent est mis sur le mouvement d'extension. Deuxièmement, c'est le pouvoir de ces observations qui transforme le visage même (si l'on peut s'exprimer ainsi) de la classification de la vie en trois espèces. De celle-ci en effet on croit devoir attendre, quand on la considère toute seule, cette conséquence que les trois règnes soient nettement séparés en compartiments clos. Mais s'il y a des plantes qui méritent d'être appelées sensitives ou attrape-mouches, cette division ne tient pas, ou plutôt elle veut dire autre chose qu'une coupure. Les faits parlent de transitions, d'élargissement, non de barrières. Boerhaave proposait une figure unique par rapport à laquelle la plante et l'animal apparaissaient comme des contraires : pour avoir celui-ci, il faut retourner celle-là, comme on ferait d'un doigt de gant. Aucune confusion n'était seulement pensable entre les deux présentations d'une structure qui forme un tout : l'une dit oui et l'autre non. Maintenant que nous avons pluralité d'espèces, le marginal se multiplie : le chiffre est le début du grand nombre, qui lui-même simule la continuité. À l'abri des Anciens, Kant ne revendique pas l'autonomie de l'âme végétale, mais seulement son existence. Ce qui est autonome, c'est le vivant ; et c'est même en sa qualité de centre de forces qu'il conteste la rigidité des classements : parce que chacun est unique, l'essence de sa vie (non son intensité) ne se partage pas en essences distinctes. Ainsi le pluralisme cachait le nominalisme, et celui-ci ne rabaisse l'abstrait que pour faire émerger l'individu. Enfin donc, les trois vies ne sont pas séparées, même dans l'homme : on les y observe sur des faits qui mettent en évidence l'une plutôt que l'autre, mais on ne les détache jamais l'une de l'autre, et les Anciens ont eu tort s'ils ont cru autrement. Chaque vivant a son essence qui l'anime en totalité : « l'âme dans l'homme n'est pas seulement simple, elle est également unique : anima sentiens, vegetativa, rationalis » ; cette réflexion (qui porte le numéro 4235 au tome XVII de l'édition de Berlin) n'est pas obscure mais concise : elle se comprend ainsi, que c'est toujours la même âme qui est qualifiée par nous de trois manières ; car (et c'est là l'essence de l'humain, dont le caractère est normatif) même dans sa nature l'homme reste gouverné par sa destination ; en l'homme l'essence est un appel, et cette conviction a été celle de Kant dès le jour où il s'est proposé de refaire ses *Observations sur le sentiment du beau et du sublime*, autrement dit dès le jour où il a pu les lire imprimées, c'est-à-dire dès avant la rédaction des *Rêves* : on la trouvera au tome XX de l'édition de Berlin, p. 78.

8. Cette phrase longue et tortueuse ne cache pourtant aucun secret, ne contient aucune antiphrase. Elle reconnaît que la science se nourrit de structures, qu'elle avance par des gens comme Boerhaave et Hoffmann ; mais elle maintient qu'il faut pourtant saluer chez Stahl une vérité d'une autre sorte, encore qu'on ne sache pas très bien la définir.

9. Réflexion 4108 (Ak. XVII, p. 418) : « Ceux qui admettent une intuition purement intellectuelle, laquelle commence après la mort d'une façon qui est naturelle, prétendent qu'après la mort l'âme se voit dans l'autre monde, et qu'elle ne s'y rend pas (qu'il n'y a pas de départ de l'âme) ; qu'elle appartient de tout temps au monde imma-tériel comme constituant la vraie substance, que le monde corporel n'est qu'une certaine manifestation sensible du monde des esprits, que les actions faites ici-bas sont les symboles du caractère qu'elle a réellement dans le monde intelligible, et que le vertueux ne va pas au ciel, mais seulement voit qu'il y est ».

10. En deux sens. Le premier est : tant que l'homme vit – ce qui a déjà été expliqué. Mais le second (involontaire ?) annoncerait le troisième chapitre ; il serait : tant que l'homme reste un être normal –

ce qui sous-entend que le visionnaire est malade, ou peut-être bizarrement constitué.

11. Ici est la pierre de touche entre une morale du sentiment et une ontologie morale révélée par le sentiment. Ce serait ici le lieu de citer Crusius (*Anweisung, vernünftig zu leben*, § 132) si Kant n'avait pas distingué (p.69) l'esprit infini et les esprits, donc parallèlement la soumission à Dieu (à quoi s'attache Crusius) et la présomption visionnaire. Mais il est clair que Kant ne peut pas se contenter de refuser de dire que le sentiment moral soit la conséquence d'un *nexus pneumaticus moralis*. Car, si l'on veut bien se souvenir que, selon la différence établie par les *Observations sur le sentiment du beau et du sublime* (Ak. II, p. 217-218) la vertu adoptée sous l'influence d'autrui n'est pas une vertu authentique, force est bien de conclure que pour sauvegarder la vérité de ce sentiment, il faut le faire résulter d'un *nexus intellectualis* attentif à l'universel (considéré comme fonction) sans égard aux personnes (à titre de substances) ; par quoi nous sommes soustraits d'une part au contexte de Swedenborg, mais d'autre part à celui de Hume et de Hutcheson. Ceux qui, en prétextant les dates respectives de la *Critique de la raison pure* et des *Fondements de la métaphysique des mœurs*, font de la morale kantienne une trouvaille tardive, n'ont qu'à lire plus soigneusement le § 9 de la *Dissertation de 1770*.

12. Selon H. Vaihinger (*Kommentar zu Kants Kritik der reinen Vernunft*, Stuttgart, 1922, II, p. 425) seul le premier chapitre de la première partie des *Rêves* devrait être pris au sérieux. Il semble bien cependant que cette note doive l'être aussi. En effet elle se rapporte à un phénomène général, ou, comme dit la conclusion (2e partie, 3e chapitre, ci-dessus p. 144) à « une loi de la sensation » commune à la plupart des hommes : or c'est l'exceptionnel (ci-dessus p.150-151) qui est l'objet de moquerie. Si la présence en nous d'un esprit qui nous

ouvre l'accès au monde des esprits n'a pas pour conséquence la quotidienneté des révélations spirituelles, c'est d'abord parce qu'en nous-mêmes nous sommes séparés de l'esprit pur : en effet, même si la raison *la plus forte* était qu'il n'y a pas de monde des esprits (c'est-à-dire pas d'esprits-substances reliés en forme de monde), la raison *plus profonde* voudrait que l'on expliquât l'apparition comme apparence, la figure sensible ou spatiale de l'esprit comme une spatialisation, l'image comme imagination ; et l'on trouverait alors que là est l'anomalie, qu'entre l'esprit comme chose en soi (tant pis pour l'anachronisme) et le visage sensible il n'y a pas de transition que l'on puisse concevoir ; là où elle se produit, c'est qu'il y a désordre : celui qui en est le sujet a le cerveau troublé, non en ce sens que le pathologique puisse produire l'impossible, mais en cet autre, plus modeste, qu'il peut en amener l'illusion. Ainsi le dédoublement qui s'opère dans le sommeil, étant une rupture de communication, est fondé notionnellement. Il est (quelque restriction qu'il y ait là-dessous) logiquement possible. Et Kant pousse le lecteur à l'affirmer réel parce que lui-même y croit depuis plusieurs années. La source de cette note est le désir de rappeler, de confirmer sa découverte.

Qui dit découverte dit par là solitude de son auteur, surprise et hostilité du milieu qui l'entoure. Or le texte de Kant n'en donne pas l'idée, puisqu'il parle seulement de « certains philosophes » ayant commis la faute qu'il voudrait signaler : aussi les éditeurs de Berlin (Ak. II, p. 501) ne donnent-ils à cette occasion qu'une référence à Darjes. Mais pourquoi lui précisément ? Ces philosophes dont Kant ne précise ni le nombre ni l'orientation ont certainement trop d'habileté quand ils exploitent le silence ; mais enfin ils sont dans le vrai quand ils admettent que les rêves peuvent ne pas laisser de souvenirs ; et ils ont raison de refuser l'omniscience que l'état de veille s'attribue envers le sommeil ; mais ils se trompent quand ils déguisent cette lacune de la mémoire en représentation obscure à laquelle correspondrait un rêve également obscur. Qu'y a-t-il là de propre à Darjes, ou à quelques autres avec lui ? C'est toute l'école wolffienne qui est condamnée depuis toujours à cette double position, dont le sens mérite d'être éclairci.

Pour comprendre les textes de Wolff, il faut partir des deux principes qui commandent sa version affadie de la pensée de Leibniz. Le premier concerne l'âme et la représentation (celle-ci étant considérée comme l'essence de celle-là) et le second établit la continuité. Notions, jugements, raisonnements, conséquences immédiates, mais aussi désirs, aversions, volontés, et enfin l'invention elle-même, il n'est pas de fonction de l'âme qui excède son pouvoir de se représenter l'univers : «Ex vi igitur repraesentativa universi, in qua animae essentiam et naturam consistere ostendimus, ratio reddi potest omnium, quae de anima observantur» (*Psychologia rationalis*, § 529). Quelque leibnizien que soit le nom de cette force représentative, il ne doit pas cependant nous tromper. Le cadre n'est plus là : l'intention de Wolff était, sur ce point là du moins, qu'il n'y eût plus de cadre, et qu'on ne fût pas tenu à l'idéalisme monadologique. À quoi cela mène-t-il ? Cette force, lisons-nous, n'est pas conçue pour soutenir un système particulier relatif au commerce entre l'âme et le corps : loin de là elle est énoncée d'une manière destinée à la rendre compatible avec quelque système qu'on veuille envisager (*ibidem* § 547) : donc l'harmonie préétablie ne doit pas peser sur la science qu'est la psychologie de la représentation, qui est la psychologie tout court. Que devient alors la finitude, une fois coupée de la notion d'être infiniment infini ? Il reste la référence aux choses finies, à l'empirisme, et c'est de là qu'on va partir. La finitude donnée pour essentielle à l'âme (§ 264 et 265) se confond avec les limites de la vision qu'elle a de l'univers (§ 194) ; mais plus profondément il ne s'agit plus maintenant des bornes d'une réceptivité (comme c'était le cas dans la *Théodicée* de Leibniz) : il s'agit seulement d'une réceptivité condamnée aux êtres bornés ; car les limites de la représentation qu'a l'âme tiennent au situs de son corps organique et à la constitution de ses organes sensibles (§ 66) ; ainsi la non-nécessité de l'harmonie préétablie permet des schémas descriptifs que l'empirisme et le matérialisme peuvent dorénavant accepter sans réserve : car d'abord le contenu des représentations n'est que perception ou mémoire, et ensuite leur avènement n'est qu'image imprimée ou idée matérielle (voir ci-dessus p. 162). La continuité cesse de jouer le rôle d'une loi intelligible, présidant au rapport réciproque des lois, pour n'être plus qu'un phénomène : les degrés de clarté de nos représentations, étant proportionnés à la proximité des objets qui nous les procurent, vont de la perception (qui est originaire) à la médiation indirecte et plusieurs fois répercutée. La mémoire, qu'il s'agisse de celle que le sommeil a de la veille, ou de celle que le réveil veut avoir du sommeil, ne peut jamais aller plus loin que la clarté de son objet : de la perception à l'image, et ensuite d'image en image, la clarté va s'affaiblissant, et jamais rien ne la restaure. Il y a des rêves alimentés par des rêves antérieurs, et par là même peu consistants : « quae distincte percipiuntur, immediate percipiuntur… quae mediate percipimus, prorsus obscure percipimus » (§ 197 à 199).

Mais la médiation n'est pas la seule cause de dégradation de la clarté. À l'image des choses absentes fait suite l'absence d'images. Le rêve est encore un état où nous sommes conscients de nous-mêmes, et aussi bien des choses auparavant perçues ; l'âme y est « in statu perceptionum distinctarum » (§ 14) : les perceptions sont en désordre, mais elles demeurent distinctes (§ 250). La présence des « phantasmata » constitue une zone moyenne entre la pleine activité des organes sensoriels et le silence apparent des idées matérielles, leur vrai silence, complet, étant celui de la mort. Le rêve *cesse* au réveil, mais il s'*éteint* aussi plus avant dans le sommeil. C'est la *Psychologie empirique* de Wolff qui paradoxalement nous renseigne sur ce fait dont il ne saurait pourtant y avoir d'expérience : le sommeil commençant, nous dit-elle, ne perd que la clarté des sensations ; il reste à perdre encore la clarté des phantasmes : « Dicitur autem somnus *profundior*, quando cum sensationibus claris una clara phantasmata cessant, ita ut nihil prorsus appercipiamus » (§ 119). Si les « fibrilles » du cerveau atténuent peu à peu leurs mouvements autonomes (et il le faut pour que l'état de veille les retrouve en mesure de vibrer de nouveau dans toute leur ampleur), le songe doit s'effacer dans le sommeil profond : « Quamobrem cum claritas tandem omnis evanescere debeat, ita ut nihil prorsus apperci-piamus, seu nihil prorsus nobis conscii simus, somno profundo oppri-mimur. Quare cum in somno rerum absentium, quas phantasmata repraesentant, nobis conscii simus, somnium per profundum somnum extinguitur » (§ 134). Si le rêve doit mourir, quelle astuce de doctrine faudra-t-il inventer pour que l'âme ne soit pas obligée de le suivre ? L'utilité de Leibniz n'apparaît qu'au moment où on lui demande ce service : car c'est lui qui a eu l'habileté de mettre un écart (provi-dentiel !) entre perception et aperception (§ 24-25) ; cette dernière seule étant dite s'abolir dans le sommeil profond, l'âme continue de percevoir, encore que le lecteur ne puisse concevoir ce qui peut alors lui être donné : mais, selon Wolff, c'est une autre histoire, pour laquelle nous sommes renvoyés de la psychologie empirique (§ 119) à la psychologie rationnelle, et par celle-ci à « l'évidence » : « sufficit constare, quod nec in somno quantumvis profundo anima cesset ab omni actione » (§ 59). Acte de foi aussi obscur que les perceptions inaperçues dont il implique l'existence.

C'est en lui pourtant que se rejoignent la plupart des auteurs du XVIIIe siècle qui ont effleuré cette question : le degré de clarté de la représentation, du contenu représenté, égale le degré de conscience ; ou plutôt l'inverse : ma conscience a exactement la clarté du contenu qui lui est offert ; pas de donné, pas de conscience, mais seulement « perception obscure », inaperçue. Citons d'abord les manuels. Baumgarten est le plus discret (comment faire pour tout dire en mille paragraphes, courts comme des versets de la nouvelle bible ?), mais il ne trahit pas l'esprit de la doctrine : « dormiens si clare imaginor, somnio » (*Metaphysica*, § 593) ; bref, pas de clarté sans image. Baumeister maintenant : le songe est intermédiaire entre le sommeil et la veille (*Institutiones metaphysicae*, § 526) ; la clarté d'un rêve consiste dans la reconnaissance de l'objet qu'il propose, et elle favorise au réveil la mémoire de ce qu'on a rêvé (§ 532) en vertu de l'axiome implicite que d'une image à son image la clarté ne peut pas progresser. Mais c'est surtout Formey qui est l'auteur important, à cause de son *Essai sur les songes*, si célèbre qu'il fut triplement publié : dans le recueil des mémoires de l'académie de Berlin (année 1746), dans ses *Mélanges philosophiques* (tome I, 1754), et à l'article *Songe* de l'*Encyclopédie*. Rien de plus wolffien (et de plus conforme à l'erreur dénoncée par Kant) que le premier des corollaires amenés par sa conclusion : « Le degré de clarté auquel parviennent les actes d'imagination qui constituent les songes, nous en procure la connaissance. Il y a un degré déterminé auquel ils commencent à être perceptibles, comme, dans les objets de la vue et de l'ouïe il y a un terme fixe d'où nous commençons à voir et à entendre » (*Mélanges*, I, p. 200) ; il y a donc des *actes* de l'imagination au-dessous du seuil de la perception ; mais ce mot d'acte n'est pas l'indice d'une faculté absolue, entièrement spirituelle, indivisible et pure de matérialité, comme nous aurions tendance à l'entendre aujourd'hui ; bien loin de là « ce sont des causes purement physiques et machinales, c'est l'état du corps qui décide seul de la perception des songes » (*ibidem*,

p. 185) ; voilà pour la théorie de la représentation ; voici pour le principe de continuité : « ces degrés peuvent hausser et baisser plusieurs fois pendant le cours d'un même songe… ces nuances varient à l'infini… les songes peuvent être détruits de deux manières ; ou lorsque nous rentrons dans l'état de profond sommeil, ou par notre réveil » (*ibid.*, p. 201). Enfin, n'oublions pas, dans l'*Encyclopédie* les quelques lignes dont de Jaucourt a fait la conclusion de l'article *Songer* : « Dans l'état où l'âme se trouve aliénée des sens, c'est-à-dire dans le sommeil, elle conserve souvent une manière de penser faible et sans liaison que nous nommons *songer* ; et enfin un profond sommeil ferme entièrement la scène, et met fin à toutes sortes d'apparences. Voilà des réflexions supérieures sur ce mode de penser, et *elles sont de Locke* ». Cette fois, c'est nous qui soulignons ; rien de plus précieux pour nous qu'un pareil témoignage : l'âme « aliénée des sens » (elle y a donc tous ses biens) a « une manière de penser faible » parce que l'objet s'est affaibli ; existe-t-il encore un leibnizianisme lorsque l'inspiration de Locke se confond avec le langage de ceux qui prétendent continuer Leibniz ?

Et ce langage n'a pas fini de s'imposer. C'est en 1734 que la *Psychologia rationalis* de Wolff disait, de façon lapidaire : « Tant que nous dormons sans rêver, nous sommes dans un état de perceptions obscures » (§ 59). En 1762, Beausobre présente à l'Académie de Berlin ses *Réflexions philosophiques sur les songes* où l'on voit vite qu'on est en pays de connaissance : l'âme y est toujours « une force représentative de l'univers » ; le sommeil est mémoire ou imagination, avec un reste de sensation provoqué secondairement par l'excitabilité interne du corps ; c'est un état intermédiaire, au terme duquel il y a donc les « représentations obscures dont l'âme ne s'apperçoit que foiblement, et que par conséquent elle ne se rappelle pas au réveil » (*Histoire de l'Académie de Berlin*, année 1762, p. 430). Tout le long de son exposé, l'obscurité pendant le rêve signifie oubli au réveil. Pourtant quelque chose a bougé, si rien n'a encore changé. Beausobre parle de la *liaison*, insiste sur le principe de raison suffisante (et par là sur l'*enchaînement* qui, d'association en association, amène une représentation jusqu'à la conscience du rêveur qui s'éveille); le rappel au réveil n'est que l'action de tirer sur la « chaîne des représentations ». Mais, de ce rationalisme une fois formulé, Beausobre ne sait rien faire si ce n'est se moquer des rêves « surnaturels », et de l'explication « lunatique » de la conduite des « noctambules », ce qui ne fait faire aucun progrès : car Baumgarten déjà parlait des somnambules (*Metaphysica*, § 594), sans dépasser la ressemblance (constatée et inexpliquée) entre leurs mouvements associés à leurs rêves, et les mouvements des éveillés, associés à leurs sensations ; il faudrait aller au-delà d'une définition nominale ; or Beausobre se borne à noter que leurs actions sont « visiblement conséquentes et relatives à un but », et oubliées lors du réveil : mais c'est là une chose tout inintelligible, si la mémoire du réveil remonte le long des médiations, car l'articulation rationnelle d'une conduite où il y a de la conséquence doit permettre de retrouver la chose même en suivant ses justifications. Le wolffisme se maintient en présence d'un fait qui appelle sa révision, qui impose le choix entre Locke et Leibniz, entre le primat du donné et celui de la construction, entre l'empirisme opportuniste d'une science en train de se faire et l'intellectualisme sans lequel cette science est injuste envers l'homme qu'elle prétend étudier.

L'observation d'une somnambule, faite par Boissier de Sauvages en 1737 à l'hôpital de Montpellier, est l'expérience cruciale qui mettra bien du temps à être reconnue comme telle. Elle a été communiquée en 1742 à l'Académie des sciences de Paris, et le *Hamburgisches Magazin* (où Johann-August Unzer se tenait à l'affût de toutes les nouveautés en matière de médecine) l'a fait connaître en 1751 (n° 5,

p. 489-512). Kant l'a lue, et exploitée dans les dernières semaines de 1762, en rédigeant pour l'Académie de Berlin son *Enquête sur l'évidence*. Tandis qu'Unzer s'intéressait à la cause physique (selon lui cérébrale) de l'état second de la malade, et d'une façon plus générale à des problèmes d'*origine*, Kant en quête de *structures* se montre principalement sensible à deux aspects : l'à-propos de ses gestes (relevé, mais sans plus, dans le *Hamburgisches Magazin*, à la page 493), et la continuité des paroles prononcées malgré l'oubli dans l'intervalle. Ainsi les états seconds de la malade de Sauvages constituent entre eux un système, tout comme la vie de chacun a sa cohérence propre dans l'état de veille normal : on peut parler à son égard de seconde personnalité, une personnalité n'étant pas une substance, mais un type d'existence dominé par le lien ou l'absence de lien entre la fonction de l'intelligible et les fonctions sensorielles : le sommeil cesse d'être le silence pur et simple de celles-ci, car son ultime profondeur est la libération totale de celle-là. L'oubli au réveil est l'effet de conditions initiales impossibles à concilier. Depuis l'*Enquête sur l'évidence* la pensée de Kant n'a pas cessé de se préciser dans ce sens : il soutenait alors la possibilité qu'il y ait pendant le sommeil des représentations qui soient « claires avec conscience » (Ak. II, p. 290) et oubliées lors du réveil ; son courage consistait à avouer (dans un mémoire de concours !) qu'il s'opposait en cela à « la plupart des philosophes » (*ibidem*, p. 289) ; dans les *Rêves d'un Visionnaire* il s'attribue moins d'adversaires (encore que cela ne change rien à leur nombre réel), parce qu'il est en train de s'en créer de nouveaux : il ose désormais mettre l'accent sur la clarté plutôt que sur la conscience, en soulignant par là l'étrange perfection qui a son ordre séparé, qui n'est elle-même que dans cette séparation, nulle nature n'étant fautive dans la rigueur de ses propres lois, l'erreur ne s'y mettant que par changement de genre (on lira son nom grec dans les remarques sur la thèse de la quatrième antinomie), par la déformation du pur intelligible affublé malgré lui d'une forme sensible. Sans doute restons-nous éloignés de savoir comment il faut entendre cette pensée à part, dont le moi quotidien n'est pas sûr d'être le penseur ; sans doute faut-il se garder d'anticiper sur les *Fondements de la métaphysique des mœurs*, et sa thèse d'un esprit qui est d'abord esprit avant d'être humain, et qui dès lors peut apparaître comme autorité exigeante ; du moins sommes-nous dans cette voie, et assurés dès maintenant que quelque chose échappe à la condition de chose, au domaine et aux schémas de la cosmologie. Le monde des esprits fait rire en tant que monde, c'est-à-dire manifestation (l'esprit n'étant que force), et en tant que *lié* au nôtre (l'esprit étant autonomie).

13. Thème repris plus bas p. 107. Voir notre note 3 de la page 152.

14. Tout ce qu'on perd ici-bas est consigné là-haut. Voir au deuxième chapitre de la seconde partie la raison des fous mise en réserve dans la lune (p. 128) : allusion au *Roland furieux* de l'Arioste (chant trente-quatrième, strophes LXXIII et suivantes), Astolphe visitant « cette planète » sous la conduite de saint Jean.

Chapitre III : Philosophie commune

1. Faux. C'est le fragment 89 d'Héraclite (cité encore, sans nom d'auteur, au § 37 de l'*Anthropologie*, Ak. VII, p. 190), et ce n'est même pas Aristote qui l'a conservé, mais Plutarque, la tendance d'Aristote étant de rappeler surtout le mobilisme d'Héraclite, en vue d'une réfutation (*Métaphysique*, livre Γ, 1010 a ; et K, 1067 b) : le mouvement n'est qu'état de puissance, et doit céder la première place à l'être plein et en acte. La confusion de Kant s'explique par ceci, qu'Aristote est pour lui une manière de symbole : celui de la prose et du travail, opposés à la poésie et à la rêverie de Platon (voir *D'un ton*

élevé nouvellement pris en philosophie, Ak. VIII, p. 406) ; c'est en cette qualité qu'il a, contre Platon, rabaissé la dialectique (et Kant suivra un tel exemple en donnant à ce mot un sens péjoratif).

2. *Luftbaumeister*. Expression courante à l'époque. Rien ne la définit mieux que le passage suivant de Thomas Sydenham (*Tractatus de hydrope*, Opera medica, Genève, 1757, p. 341) : « Quod si ab hypothesi coepissem, ea plane ratione insanirem atque ille, qui tabulata tignaque domus superiora prius velit erigere quam fundamentum jecerit : quod quidem istis tantum convenit, qui in aere *castella*, quod aiunt, solent exstruere ; his enim certo quodam privilegio ab alterutra extremitate licet ordiri ». C'est donc aussi une question d'ordre : commencer par le toit, comme si l'on pouvait y suspendre les murs, c'est bâtir en l'air son château.

3. Dans l'*Enquête sur l'évidence* (troisième Considération, Ak. II, p. 295) Kant portait sur Crusius un double jugement : Crusius a raison, contre ceux qui ramènent toute pensée à l'identité (aux principes *formels* de la logique) de poser d'autres principes, qu'il appelle *matériels* ; mais il a tort dans le choix qu'il fait de ces principes, parce qu'il procède sans rigueur. Seul ce second aspect est envisagé ici. La règle de Crusius consiste à se demander, relativement à une proposition première, si l'on peut *ne pas la penser*, étant admis une fois pour toutes que ce que l'on ne peut penser que comme vrai est vrai. C'est là un axiome subjectiviste, qui porte à sa façon la marque du piétisme ; mais d'un autre côté, comme sa recommandation est le refus de commettre le cercle vicieux d'une preuve par les conséquences, ou l'*ignoratio elenchi* d'une argumentation *a posteriori*, il contient le germe d'un apriorisme qui n'est pas sans rapports ni sans quelques points communs avec l'attitude des wolffiens : de là pour l'entreprise de F. A. Schultz un semblant de justification doctrinale. La conciliation éclectique aura lieu grâce aux mêmes contenus retrouvés

par des méthodes (si l'on peut dire) différentes. Par exemple le principe de raison suffisante s'obtient par un appel (extrêmement douteux) à la vie intérieure : « Car celui qui voudra faire un retour sur lui-même prendra conscience aisément qu'une chose en train d'advenir n'est pas pensable à moins que l'on n'en admette une autre qui ait eu, pour la produire, une force suffisante, et qui ait usé de cette force sans avoir rencontré d'empêchements suffisants » (*Entwurf der nothwendigen Vernunftwahrheiten*, § 31). De même le soi-disant « principe de contingence » reçoit la formule suivante : « tout ce dont la non-existence est pensable a été aussi privé d'existence » (*ibidem*, § 33 et § 206). Cette proposition est réfutée par Kant au § 29 de la *Dissertation de 1770*, en tant qu'elle s'installe d'emblée au cœur de la réalité intelligible, du concept de la contingence, sans tenir compte du fait que « pour nous autres hommes » les caractères nominaux sont seuls donnés par l'expérience (l'expérience du changement, dans laquelle la non-existence est contenue) : ce renversement de la démarche seule susceptible d'être par nous effectivement pratiquée atteste que Crusius bâtit comme les wolffiens, en commençant par la toiture.

4. L'effet comique est lié à l'excès de sérieux du style syllogistique : tout rêveur a son monde propre (mais cette *majeure* peu maniable ne convient pas au but visé ; il faut la convertir ; mais alors elle n'est plus que particulière, ou probable) : quelque être ayant son monde propre est un rêveur ; *mineure* : Wolff et Crusius ont leurs mondes bien à eux ; *conclusion* : il se peut bien qu'ils ne fassent que rêver. Corollaire : attendons la suite (le réveil) ; implicitement : ne tenons pas compte, pour l'instant, de leurs productions disparates. Sur l'unité des philosophes, voir les premières phrases de l'*Enquête sur l'évidence* (Ak. II, p. 275) : « Le jour où l'on aura la méthode permettant d'atteindre la plus haute certitude possible dans ce genre de

connaissance, et où l'on aura bien compris la nature de la conviction qu'elle comporte, l'éternelle instabilité des opinions et des écoles fera place à une règle magistrale immuable, qui unira les têtes pensantes pour des efforts d'un même type, tout comme la méthode de Newton dans les sciences changea le décousu des hypothèses physiques en une procédure assurée fondée sur l'expérience et la géométrie ».

5. Cela veut dire : jusqu'à un certain point seulement, et c'est ce point-là qui constitue l'objet de ce troisième chapitre. En effet, s'il y a pour la métaphysique une comparaison possible, c'est avec le rêve éveillé, et uniquement avec lui : car l'adhésion à un système est une complaisance active et entretenue par l'attention, par l'effort de choisir ce qui est favorable et de fermer les yeux sur ce qui gêne ; or tout cela implique l'état de veille, la différence maintenue en fait (malgré l'obscurcissement par la mauvaise foi) entre l'inventé et le donné. Il faut bien davantage pour rendre compte des visions, car là *l'imaginé est tenu pour donné*, et c'est de cette erreur affectant les sens mêmes que l'explication est requise. L'accent est mis sur le Wahnsinn (voir notre note 7 pour la page 193).

C'est là un phénomène assez original pour mettre en échec la doctrine des *ideae materiales*, en faisant ressortir qu'elle dépend du mythe wolffien de la clarté, dont les collusions avec l'empirisme, et les confusions propres ont été examinées au précédent chapitre (voir la note de Kant aux pages 93-94 et notre commentaire). Cette doctrine en effet, telle que Wolff l'exprime aux § 95 à 102 de la *Psychologia empirica*, implique entre les représentations une sorte de lutte pour la vie et de sélection naturelle : les *ideae sensuales* sont celles qui existent dans l'âme par la vertu de la sensation ; les *phantasmata* sont toujours d'une clarté inférieure : ainsi lorsque les unes et les autres coexistent dans l'âme, cette différence de clarté permet de faire la distinction entre celles-là et ceux-ci. Pour que l'imagination parvienne à se faire admettre comme conscience d'un objet présent, il faut que les sensations soient d'abord affaiblies, comme dans l'assoupissement ; dans le cas le plus courant, les sensations l'emportent ; elles obscurcissent tellement les «actes de l'imagination» qu'elles les soustraient à l'aperception : «ita ut hos subinde prorsus non appercipiamus» (toujours, par conséquent, la même confusion entre degré de clarté et degré de conscience). Si les ténèbres se font, ou si nous fermons les yeux, ou si le sommeil nous prive de toutes nos sensations, le plus faible devient le plus fort parce qu'alors il se trouve seul ; et le rêve alors se produit : «si actus imaginationis soli insunt animae, absentibus sensationibus omnibus, perinde ac si sensatio debilior sola adesset, fortiori remota... Idem confirmatur a posteriori ; etenim in somnio cessant sensationes et soli actus imaginationis in anima dantur». Cette théorie, où il n'y a que du plus ou du moins, où le conflit ouvert entre les représentations se solde par la survie exclusive des plus fortes, n'explique en vérité que le cas de son auteur, qui est celui du rêve éveillé : quand il écrit ses livres, rien de plus n'existe pour lui, il est fermé à l'expérience, à laquelle il ne va que pour lui demander selon son propre aveu (dans une psychologie qui se prétend empirique !) que des *confirmations a posteriori* ; son corps n'est donc pour lui qu'une re-présentation, qu'une réalité secondaire. Quand il perçoit son corps d'une façon primaire, il ne court pas le risque de croire à la réalité de quelconques phantasmes ; mais à ce moment-là il n'est pas philosophe, il n'habite plus son «monde propre», il est réellement et pleinement éveillé, il ne cultive plus consciemment son rêve.

Mais le visionnaire n'est pas Wolff. Il ne se borne pas à oublier le réel au profit du vrai. C'est dans le réel qu'il croit être quand il affirme son monde à lui. Swedenborg prétend voir, entendre, et même toucher les êtres du monde spirituel, et cela sans rien sacrifier de sa sécurité terrestre. La facile comparaison d'un concours entre les idées, où la

mieux notée, seule reçue, éliminerait toutes les autres, n'est pas
valable pour ses visions puisqu'il y a des ex-aequo : les places offertes
sont aussi nombreuses que l'espace est large. L'indice d'affirmation
n'est pas le degré de clarté ; les idées victorieuses ne bénéficient pas de
l'indisposition passagère, ou de la malchance des concurrentes : leur
signe est intrinsèque, et non comparatif. La perception (ou, comme dit
Kant à la page 102, « l'usage des sens externes ») comporte un facteur
qui diffère totalement de la clarté, qui se suffit à lui-même, et qui est
l'extériorité : où le wolffisme ne mettait que des degrés et du continu,
il établit une coupure franche et unique entre l'extérieur et l'intérieur,
entre ce qui est hors de nous et ce qui est de nous. Comment se fait
l'erreur de localisation ? Elle n'est pas la maladie exceptionnelle et inexplicable de l'individu Swedenborg : ce serait une lâcheté et une dé-
robade que de la traiter uniquement, à distance de prétérition, comme
l'anomalie du morbide. Le symptôme doit être possible (p. 101) en
vertu de raisons réelles, c'est-à-dire qui soient réellement des raisons :
l'explication satisfaisante devra rendre compte également de cas qui
n'ont rien de singulier. C'est donc dans son ensemble qu'il faut
renouveler le schéma de la perception.

Nous présumons que Kant l'a fait en s'aidant d'un ouvrage dont il
ne souffle mot, les *Observations on man, his frame, his duty and his
expectations* de David Hartley, traduit en français sous le titre *Explication physique des sens, des idées et des mouvements tant volontaires
qu'involontaires* (par l'abbé Jurain, Reims 1755). Ce livre développe
les formes que peut prendre la vibration, à travers des milieux aussi
divers que l'éther des physiciens et les organes internes, en donnant
lieu d'abord, d'une façon générale, à tous les faits de propagation
(celle de la chaleur par exemple), et enfin aux mouvements naturels ou
réflexes (péristaltisme, succion, mastication). Kant y a trouvé des
arguments pour nier que le sensorium fût réduit à un point (tome I,

p. 53 de la traduction française), et aussi d'autres suggestions, ainsi sur le primat de la vue et de l'ouïe. Le problème qu'il évoque, sans oser le résoudre, dans sa note de la page 80, était abordé par Hartley (tome I, p. 177) d'une façon qu'il était fondé à ne pas trouver suffisante : et comme cette tentative prise en totalité, représentait pour lui la possibilité d'une anthropologie de style newtonien (au lieu des chapelets de concepts en faveur dans l'école wolffienne) on comprendra sa retenue, qui évitait de la compromettre sur une position demeurée contestable.

6. Si l'objet A est situé entre le foyer et le miroir, le rayon parallèle à l'axe du miroir (et réfléchi par le foyer) et le rayon passant par le centre (et réfléchi sur lui-même) sont divergents, ou (ce qui revient au même) ce sont leurs prolongements qui convergent derrière le miroir en Aα. Et c'est là que l'œil situé dans le faisceau compris entre ces deux rayons voit l'image de l'objet A (droite et non renversée, agrandie, et virtuelle).

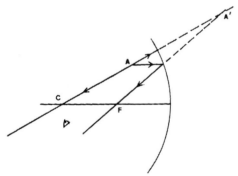

7. Nous traduisons Wahnsinn par fausse perception, de même que plus loin (p. 107). Une telle équivalence n'est rien moins que courante. Et pourtant elle est tout d'abord permise par l'étymologie (le *sens*

devenu chimérique étant l'un des cinq sens aussi bien que le bon sens) ; de plus elle est seule conforme à la distinction faite p. 106 entre affection des sens et affection de l'entendement ; enfin elle est requise par l'opposition (deuxième partie, 2ᵉ chapitre, ci-dessus p. 129) entre Wahn*sinn* (erreur des sens) et Wahn*witz* (erreur de jugement ou de raisonnement) : car, au début des *Fondements de la métaphysique des mœurs*, le *Witz* est placé entre *Verstand* et *Urtheilskraft* ; c'est un talent intellectuel, dont le Wahnwitz est la forme pathologique ; il est évident que le Wahnsinn est une perturbation qui atteint l'autre élément de la connaissance, c'est-à-dire la perception, ou plus généralement les organes des sens.

8. Ceci ne doit pas s'entendre au futur, ni hors du temps et dans l'abstrait, mais bien au passé immédiat. Kant reconnaît ici qu'au deuxième chapitre il s'est posé naïvement le problème de la communication possible avec l'esprit en tant que système séparé, la vision n'étant pas le moyen de ce commerce (comme le prétend Swedenborg), ni le résultat matériel d'une maladie organique (comme c'est la conclusion de ce troisième chapitre), mais la traduction imagée d'une communication réelle (impossible d'ailleurs à exprimer directement aux êtres mixtes que nous sommes). La note des pages 93-94 paraît maintenant compromise : car si le lecteur est (sans plus) autorisé à tirer pour son propre compte la conclusion de ce chapitre, cela ne veut pas dire que Kant, lui, s'en abstienne. Sans doute promettait-il de montrer une doctrine courant seule à sa propre ruine ; mais la théorie de la perception présente dans ce troisième chapitre ne fait pas partie de la doctrine en question : c'est donc bien en son nom à lui que, grâce à elle, il la renverse. Or la note dont nous parlons, et que nous avons commentée, encourage discrètement la doctrine réfutée : que devient-elle si la « philosophie occulte » succombe sous « l'Antikabbale » ? Refaisons donc le raisonnement. On aurait pu dire en effet : de même

que l'âme a une vie hyperorganique dans le sommeil, avec laquelle l'état de veille n'a aucune communication, de même la vie du visionnaire et celle de l'homme normal sont fermées l'une à l'autre ; ainsi vision et pure raison auraient partie liée entre elles : ou la raison serait malade, ou la vision serait possible. Ne serait-ce pas suggéré à la page 127 ? En fait non, car l'analogie suppose identité de l'ordre dans lequel les termes sont rangés à l'intérieur de chaque rapport (sur cette importance de l'ordre, voir notre note 2 de la page 188). Là est précisément la discrimination : le visionnaire part du lointain, il y est déjà installé (Kant dira p. 131 que Swedenborg est l'émissaire du monde des esprits auprès du monde réel) ; il vit dans le texte *en clair* ; nous, dans le texte chiffré. Comme Astolphe et saint Jean dans le poème de l'Arioste, il se tient là où est la raison de Roland, et nous auprès de sa folie. Au contraire c'est d'une expérience (l'observation fournie par Boissier de Sauvages) que s'induit l'idée d'une pensée fonctionnant dans d'autres conditions, sans qu'aucune substance nouvelle ait à être posée pour cet autre exercice de notre unique intelligence.

9. On peut s'étonner du mélange de cette indication chimiothérapeutique avec une physiologie vibratoire, donc mécaniste. Toutefois il n'y a pas forcément chimiatrie dans la purge, qui est nettoyage, évacuation d'une pléthore, expulsion d'une impureté dont les effets sont mécaniques : torsions, distensions, engorgements. Voir, à la fin du second volume de l'*Explication physique* (que nous avons citée à la fin de la note 5 de la page 190), la reproduction d'un mémoire du chirurgien la Peyronie ; particulirement dans l'observation VIII, l'intervention armée se voit favorisée chaque fois qu'elle découvre la cause pathogène sous la forme d'une matière pouvant être chassée, abcès ou caillot par exemple : « l'injection produisait le même effet que la présence de matières ; dès que j'en remplissais la cavité, le

malade perdait la raison et le sentiment, et je lui redonnais l'un et l'autre en pompant l'injection par le moyen d'une seringue » ; ce texte, digne de Broussais (qu'on le prenne comme on voudra) est à la page 462.

10. Nous empruntons ce mot à un petit poème que le *voyant* Arthur Rimbaud fait entrer, sous le titre *Rêve*, dans sa lettre à Ernest Delahaye du 14 octobre 1875. La boutade à laquelle Kant se réfère ici est au chant VI de l'œuvre de Samuel Butler, dans la réplique de Hudibras à Sidrophel, au cours de la querelle avec l'astrologue.

Chapitre IV : Conséquence théorique

1. Dans toute œuvre du XVIIIe siècle il y a de ces phrases qui font craindre au lecteur d'avoir été volé, joué, et d'avoir travaillé pour rien. Seule façon de ne pas le laisser en repos. Mais peut-être s'agit-il d'une erreur d'impression, favorisant le *deuxième* chapitre alors que Kant voulait marquer sa préférence pour le *troisième*.

2. Plutôt, semble-t-il, un oiseau, dont une prière souvent citée réclame qu'il revienne voleter dans le feuillage des sycomores (voir l'image dans Mekhitarian, *La peinture égyptienne*, p. 137). Et même on parle d'un faucon (Moret et Davy, *Des clans aux empires*, p. 9 à 12). Par contre ce qui est dit des Grecs paraît exact. P. Decharme (*Mythologie de la Grèce antique*, Paris, Garnier Frères, 1878, p. 211) le confirme à propos du mythe de Psyché ; mais on se doit surtout (voir notre note 1 de la page 187) de renvoyer à Aristote (*Histoire des animaux*, V, 19 ; 551 a 13-14) : γίγνονται αἱ καλούμεναι ψυχαὶ ἐκ τῶν καμπῶν, les papillons naissent des chenilles. Au sujet de l'inconsistance délicate du papillon, voir la fin du 2e chapitre de la 2e partie, p. 139.

3. L. Euler, *Lettres à une princesse d'Allemagne* (Paris, Hachette, 1842, 2e partie, lettre LVIII) : « Quand on considère, à l'aide d'un excellent microscope, la moindre goutte d'eau, elle ressemble à une mer, où l'on voit nager des milliers de petites créatures vivantes, dont chacune est nécessairement composée d'une infinité de petites fibres musculaires et nerveuses, dont la structure merveilleuse nous doit ravir en admiration. Ensuite ces petites créatures, quoiqu'elles soient peut-être les plus petites que nous puissions découvrir par les microscopes, elles ne sont pas sans doute les plus petites que Dieu ait produites. Autant elles sont plus petites que nous, il y en aura vraisemblablement aussi d'autres qui sont autant de fois plus petites qu'elles. Enfin, celles-ci ne seront pas aussi les plus petites ; elles seront également suivies d'une infinité de nouvelles classes, dont chacune comprend des créatures incomparablement plus petites que les précédentes ». Si nous citons ce texte écrit en 1761 mais publié, semble-t-il, pour la première fois à Pétersbourg après 1768 (voir la préface mise par Cournot en tête de l'édition, p. VIII), c'est parce qu'il met en évidence la signification polémique de ce thème, sans rapport, comme on va le voir, avec la rhétorique des deux infinis : « C'est donc aussi à cet égard une marque d'un esprit très-borné, de s'imaginer qu'après avoir divisé un corps en un grand nombre de parties, on parvienne enfin à des particules si petites, qu'à cause de leur petitesse elles se refusent à toute division ultérieure… ce qui est bien le cas des monades ». Suit une réfutation par l'absurde du « système des monades », qui se prolonge jusqu'à la lettre LXIV.

Euler fait partie des auteurs auxquels Kant fait confiance. Il le cite dans l'Avant-propos de l'*Essai* sur les quantités négatives, et (ce qui est encore plus important, parce que cela intervient après et malgré la rupture avec le réalisme spatial) dans la note qui clôt la *Dissertation de 1770*. Le jugement qu'il porte sur (et contre) les indivisibles n'est un secret pour personne. Il l'a explicité dans les tout premiers mois de 1746, à la suite de l'ouverture, par l'Académie de Berlin, d'un concours qui avait pour sujet « un examen de l'hypothèse des monades » (Formey, *Mélanges*, Aleide, E. Luzac, 1754, p. 264). Car (Bartholmess l'a raconté dans son *Histoire philosophique de l'Académie de Prusse*) « durant les deux années accordées pour traiter la question, on préludait à la décision académique par des brochures anonymes, où chaque parti tâchait de gagner les concurrents et de faire pencher en sa faveur la solution. La première de ces pièces non signées fut d'Euler ; la réponse qu'elle provoqua, également sans nom d'auteur, était de Formey, mais avait été revue par Wolff même ». Ce fut la plus grande bataille de la guerre entre *géomètres* (voulant commencer par la science) et *métaphysiciens* (leibnizo-cartésiens, affirmant que la science demande des principes, et que la métaphysique seule peut les fournir). L'admiration et le respect qu'inspirent la personne et le labeur d'Euler nous permettent de dire sans aucune malice que la position de *géomètre* était pour lui la seule commode : calviniste convaincu (chez lui on priait en commun autour de la table de famille), il se doutait bien que jamais le travail scientifique ne remettrait en question l'existence d'un souverain créateur de toutes choses. Le choix du même parti ne s'effectue chez Kant que pour des raisons différentes : nous en avons déjà parlé à notre note 2 de la page 188, et à la note 8 de la page 194 ; il faudra y revenir pour le deuxième chapitre de la seconde partie des *Rêves*.

Deuxième partie

Chapitre premier : Narration incertaine

1. *Énéide*, VI, vers 266.

2. Dans la *Critique de la raison pure*, où il ne cherche pas à avoir du talent, Kant parle d'une « raison humaine universelle, dans laquelle chacun a sa voix » (Ak. III, p. 492) et qui n'admet pas de privilèges. Il est évident qu'on la viole par le mensonge ou le secret.

3. Voir le § 2 de notre introduction.

4. L'étonnement malicieux que Kant ose avouer devant l'aisance d'un oisif dissimule gentiment une certaine envie ; plus il est souriant, plus il pousse le lecteur à paraphraser méchamment le verset de saint Paul « qui ne veut pas travailler ne doit pas manger non plus » (2 Thess. 3, 10). Cependant il repose sur une double erreur :

a) Sur le genre de vie de Swedenborg, Kant se fie nécessairement aux voyageurs qu'il peut rencontrer à Koenigsberg, et qui bien entendu se prétendent tous témoins. Voici un exemple qui en dira long sur la valeur des témoignages. Il s'agit d'une lettre qui aurait pour auteur le second mari de Mme de Marteville (voir *Rêves*, p. 120), et qui aurait été écrite en 1775, sur les indications de celle-ci (empêchée de la rédiger elle-même) et, qui plus est, *pour corriger les détails inexacts* mis ordinairement dans les récits de la quittance retrouvée. Elle a été reproduite dans l'ouvrage de Matter : *Emmanuel de Swedenborg, sa vie, ses écrits et sa doctrine*, *op. cit.*, aux pages 153-155. Elle raconte comment cette dame et ses amies, ayant conçu le caprice d'aller consulter le voyant, furent accueillies par lui « dans un fort beau jardin et un magnifique salon qui était voûté et garni, au milieu du toit, d'une fenêtre par laquelle, d'après son assertion, il avait coutume de s'entretenir avec ses amis, c'est-à-dire les Esprits ». En guise de commentaire, Matter déclare comprendre que le propriétaire de ce petit palais ait eu de quoi s'inquiéter « deux années auparavant, lors de l'incendie de Stockholm ». Passons sur cette maladresse, dont le résultat est que Swedenborg risque de nous sembler plus soucieux de ses biens que doué pour la charité. Mais enfin ce propos déplacé de Matter (avons-nous affaire, oui ou non, à un fondateur de religion apparenté au christianisme ?) signifie du moins qu'il ne doute pas de la description flatteuse faite par Mme de Marteville, et transcrite en son nom. Or deux cents pages plus loin (p. 358 à 363) Matter présente Swedenborg tel que le voyait vivre « un de ses meilleurs amis » : on découvre (avec sympathie) le vieux jardinier et sa femme (sans doute peu décoratifs) qui lui servaient de domestiques ; sa chambre sans feu, son café à toute heure, qu'il prenait très sucré, mais toujours « sans lait ni crême », son unique repas chaque jour composé de semoule bouillie dans du lait, son labeur constant d'homme seul, déréglé, sans horaire fixe. Mais surtout : « La maison de Swedenborg, avec le jardin qui en dépendait, formait un carré dont la longueur était environ d'un jet de pierre. Son appartement proprement dit était assez exigu, sans aucune recherche, suffisant pour lui ; mais il n'aurait paru commode à aucun autre ». Gêné pour recevoir les visites des curieux, il dut faire construire en 1767 « un joli pavillon d'été avec deux ailes » (ceci, c'est Matter qui l'ajoute, semble-t-il). Or 1767, cela signifie huit ans après l'incendie de Stockholm, et six (selon Matter lui-même, p. 154) après l'anecdote de la quittance ; de plus, on ne parle pas, ici, de magnificence. Faut-il en conclure que le seul fait de se passionner pour Swedenborg soit fatal au principe de non-contradiction ? Car c'est bien le même Matter qui a admis, tout en sachant cela (et avec quelle facilité !) le tableau singulier de Mme de Marteville. Alors, disons seulement que le mythe de Swedenborg comporte parmi ses variables une richesse qui, au moment voulu, peut s'échanger contre l'ascétisme, mais qui en elle-même (tant qu'il en est question) doit être fabuleuse, ainsi que tout le reste.

b) Plus préjudiciable est la négation du travail positif et concret de Swedenborg ; il est vrai que, si elle est de même provenance (un créateur spirituel ne doit pas avoir de métier, sinon ce n'est qu'un fabricant) elle aura également la même labilité : nous savons que les thuriféraires ont versé depuis lors dans l'excès opposé. Certes, Kant a raison pour l'année où il écrit ; mais c'est vraiment à son insu, puisqu'il ignore ce qui lui donne tort pour les années antérieures. Car il y a deux grandes dates dans la vie d'ingénieur d'État qui fut celle de Swedenborg. L'une se situe vers la fin de 1744 : âgé de cinquante-six ans, il se détache soudain de sa carrière scientifique, en achevant trois volumes sur la biologie, sous le titre d'*Oeconomia regni animalis*, dont le premier mot trahit déjà l'influence théosophique et eschatologique. L'autre est la Diète suédoise ouverte au mois de janvier 1761, laquelle verra la fin de son action politique : contre le parti de la reine, extérieurement anglophile et intérieurement autoritaire, il préconise (Matter, *Emmanuel de Swedenborg, sa vie...*, *op. cit.*, p. 166) l'alliance française et la rupture avec l'esprit absolutiste ; homme d'ordre et de paix, il combat l'inflation (Matter, *Ibid.*, p. 23 et p. 167, voir aussi p. 31). Parmi le petit nombre de ceux qui le soutiennent, il y a l'ami à qui nous devons l'émouvant témoignage que nous avons rapporté (ci-dessus p. 200), et qui était (*Ibid.*, p. 168) l'un des directeurs de la banque de Stockholm. D'une manière générale, il n'est pas écouté, malgré la haute qualité de son mémoire sur les finances (Geymuller, *Swedenborg et les phénomènes psychiques*, *op. cit.*, p. 7) : il a 73 ans, il ne se battra plus. Plus rien ne reste en lui du jeune homme qui apprenait la géologie avec Rudbeck

(Martin Lamm, *Swedenborg*, p. 19), la cosmologie et la physique avec Pohlem (*ibidem*, p. 34), les techniques sur les chantiers et dans les usines d'Angleterre : si ce n'est une ardeur qui a changé d'objet, pour ne plus avoir de rivaux. Car cet homme a tout su, et si l'on ne peut pas dire qu'il fut un « créateur dans tous les genres » (Matter pertinemment le précise p. 60), s'il est vrai notamment qu'il « ne le fut ni dans la zoologie, ni dans l'anatomie ou la physiologie », du moins l'a-t-il été dans son domaine des mines, un peu en géologie, mais plus certainement dans l'industrie du fer : s'il faut en croire Matter (p. 40) la France à deux reprises s'intéressa à son ouvrage sur la fabrication de l'acier. Il a été l'un de ces savants dont l'encyclopédisme et l'habileté ouvrière attirent l'œil des académies : celle de Pétersbourg a voulu l'honorer en 1734. Même là où il n'a rien trouvé, il a su autant que tous les autres : Sprengel l'a nommé en passant, dans son *Histoire de la médecine* (tome V, p. 14) ; Haller l'a recommandé au tome II de sa *Bibliothèque anatomique* (p. 328-329). L'Académie des Sciences de Suède a commencé en 1907 une publication de ses œuvres scientifiques, complétée par une série de monographies à leur sujet, à laquelle Svante Arrhenius n'a pas dédaigné de contribuer. Il avait en lui quelque chose des anticipations d'un Léonard de Vinci (Lamm, p. 21), des vues d'ensemble d'un Buffon, du sens pratique d'un Georges Claude. Cette polyvalence, et ses admirateurs (Oetinger a voulu faire de lui l'égal de Leibniz !) nous détournent de lui et nous empêchent de voir qu'il n'était pas n'importe qui.

5. La lettre à Charlotte von Knobloch (Ak. X, p. 40 à 45), dont nous savons qu'elle ne doit être maniée qu'avec prudence, donne un nom ou une figure à tous les personnages évoqués dans cet alinéa. Le premier narrateur serait le baron de Lützow, ambassadeur de Mecklembourg (entre mai 61 et juin 62), qui aurait, en compagnie de l'ambassadeur de Hollande, « assisté » à Stockholm à cette histoire

royale. Il l'aurait racontée par écrit à Dietrichstein, qui séjournait à Copenhague en tant qu'ambassadeur d'Autriche, et qui, à table, l'aurait lue devant un officier danois : celui-ci aurait été l'un des anciens auditeurs de Kant et serait resté son ami. L'enquête privée dont parle Kant consiste dans trois demandes : la première, à cet officier, de confirmer son récit ; l'autre, à un Anglais qui se rendait à Stockholm, d'y prendre quelques renseignements ; la dernière, à Swedenborg même, toujours demeurée sans réponse. Toutefois la lettre ne dit rien sur cette première histoire, qu'elle suppose connue de la destinataire, sinon qu'elle se passe à la cour de Suède.

La princesse que Kant couvre de compliments était la sœur de Frédéric II. Louise-Ulrique, née en 1720, avait en 1744 épousé Adolphe-Frédéric, alors prince royal de Suède, et monté depuis sur le trône en 1751. Dans quelles circonstances prie-t-elle Swedenborg de se présenter à elle ? Matter, dans le livre déjà cité, reproduit un récit que le général danois Tuxen aurait recueilli de la bouche de Swedenborg lui-même, et selon lequel Louise-Ulrique aurait appris de sa sœur la duchesse de Brunswick qu'un de ses propres sujets « prétendait s'entretenir avec les trépassés ». C'est « un article de critique », « dans le journal de Goettingue » qui aurait éveillé l'attention, et la curiosité de la duchesse. Il est impossible de croire cela. Car nous lisons, en toutes lettres, dans ce journal effectivement fameux pour ses comptes rendus (les *Göttingische Anzeigen*), en 1766, à la page 201, à la suite d'une phrase qui se termine par les noms de Swedenborg et d'Oetinger : « Nous ne doutons pas que la majorité de nos lecteurs connaisse davantage ce dernier nom que le premier, et c'est pourquoi nous nous voyons tenus de dire quelque chose à son sujet ». Swedenborg est un inconnu à Goettingen à cette date. Il avait par contre certains titres, de savant, de haut fonctionnaire, et de membre important de la Diète suédoise (Matter, *Emmanuel de Swedenborg*, *sa vie…*, *op. cit.*, p. 165-166 affirme qu'il prononça le discours d'ouverture), surtout depuis son coup d'éclat de janvier 1761 (voir notre note précédente) à ne pas l'être tout à fait dans son pays natal. Un «témoin oculaire» prétend que Swedenborg «avait coutume de se trouver régulièrement» à la cour (*Ibid.*, p. 184-185) et malheureusement ce n'est pas plus vraisemblable.

Qu'a dit la reine à Swedenborg? Dans toutes les versions il s'agit de son frère Auguste-Guillaume (successeur désigné de Frédéric II, et père du successeur réel qui sera Frédéric-Guillaume II) mort le 12 juin 1758. Elle aurait chargé Swedenborg d'un message pour lui, mais lequel? Swedenborg ne l'a pas révélé à Tuxen (Matter, p. 175), et du reste c'est la *réponse* de la part d'Auguste-Guillaume qui est censée être importante : la reine s'en «trouva mal» dans le récit de Tuxen. Il est vrai que par les *Souvenirs* de Thiébault (qui avait été de l'Académie de Berlin) nous avons celui de Louise-Ulrique, tel qu'elle l'aurait fait dans la retraite brandebourgeoise où, après son veuvage (1771), elle était venue se faire oublier. Elle l'aurait «prié de savoir de son frère ce qu'il lui avait dit au moment de leur séparation à Potsdam» en 1744, quand elle partait pour Stockholm. Swedenborg aurait, paraît-il, rapporté la réponse exacte. Mais laquelle? À ses dames de Stockholm la reine ne l'avait pas dit parce que, selon Matter, c'était un secret d'État. Mais enfin à Berlin elle ne l'a pas dit non plus : et pourtant elle n'avait plus à maintenir aucune illusion, aucun équilibre périlleux, ni même personne à ménager ; ses complots de 1756 étaient loin, et avec eux le sang de Horn et de Brahé. Allons plus loin : personne ne pouvait ignorer en 1761 que les princesses allemandes aient de singulières maximes ; et si l'on dit, l'année suivante, que Swedenborg vit à distance l'assassinat du tsar Pierre III de Russie, comme c'était au profit de Catherine II apparentée à Louise-Ulrique, et née princesse von Anhalt-Zerbst, ce bruit-là n'a pu se former que dans un milieu d'opposants, qui savait depuis janvier 1761 qu'il lui restait, dans sa défaite, *un soutien d'ordre spirituel dans la personne de Swedenborg*. La pire des maladresses de la part de Louise-Ulrique eût été de laisser dire qu'elle avait un secret (ou en avait eu un) avec le prince royal de Prusse. La sottise seule peut lui avoir attribué un rôle actif. Le contenu éventuel d'une histoire pareille était décidément de la dernière transparence, et l'on est confondu d'y trouver impliqués diplomates, généraux, ministres, sans aucune allusion aux conséquences possibles – si elle avait pu être autre chose qu'un affligeant trompe-l'ennui.

Swedenborg n'aimait pas parler de ces prouesses : H. de Geymuller l'indique nettement (*Swedenborg et les phénomènes psychiques*, *op. cit.*, p. 426-427). Pourtant elles étaient les preuves de ses pouvoirs, et leur traduction illustrée : s'il parlait aux esprits, il fallait qu'il pût joindre également le prince royal défunt. Il lui fallait les endosser ; or il s'est contenté de ne pas les démentir. Ce sont les autres qui lui en parlent. Et encore est-ce en vain que maintes fois Oetinger l'a supplié de rédiger sa biographie de visionnaire. Si sa gloire parvient jusqu'à Kant, c'est parce qu'elle a bénéficié de l'exhibitionnisme des Lützow, des Dietrichstein, des Tuxen et autres Thiébault ; chaque fois que l'un d'eux bavarde pour se donner de l'importance, c'est la sienne qui s'en trouve accrue.

6. Mort le 25 avril 1760 (Ak. XIII, p. 21 et p. 23) : ceci du moins paraît exact. Nous avons déjà dit (dans notre note 4 de la page 205) qu'elle se remaria avec un général que Matter appelle aussitôt « le brave général d'E. » (p. 153 : la page 428 nous apprend, il est vrai, que son nom complet est d'Eiben ; on n'ignore donc pas tout de lui). Dans le récit qu'il a fait de cette nouvelle histoire (que l'on situe parfois avant la précédente), nous avons vu la fantaisie commencer aux préparatifs. Voyons la suite. Madame de Marteville demande à Swedenborg

s'il n'a pas connu son mari : réponse négative. Et c'est tout pour ce jour-là, car il ne fut pas question de la quittance réclamée. « Huit jours après, feu M. de Marteville apparut *en songe* à mon épouse, et lui indiqua, dans une cassette de façon anglaise, un endroit où elle trouverait non seulement la quittance, mais encore une épingle à cheveux avec vingt brillants, et qu'on croyait également perdue. C'était environ à deux heures du matin. Pleine de joie, elle se lève et trouve le tout à la place indiquée. S'étant recouchée, elle dormit jusqu'à neuf heures du matin. Vers onze heures M. de Swedenborg se fait annoncer. Avant d'avoir rien appris de ce qui était arrivé, il raconta que, dans la nuit précédente, il avait vu plusieurs esprits et entre autres M. de Marteville. Il aurait désiré s'entretenir avec lui, mais M. de Marteville s'y était refusé pour la raison qu'il était obligé de se rendre auprès de sa femme pour lui faire faire une découverte importante, d'autant plus qu'il quitterait, après cela, la colonie (céleste) où il se trouvait depuis un an et passerait dans une autre beaucoup plus heureuse. Voilà les véritables circonstances de ce qui est arrivé à mon épouse, à l'égard de la quittance et de M. de Swedenborg ». La fin de la lettre date l'incident : un an, sans doute, après la mort du diplomate. Le général s'incline pourtant devant « les mystères » qui subsistent. Discipliné ? N'ajoutons pas un problème qui serait celui du caractère d'un narrateur dont nous ne savons réellement rien. Relisons plutôt La Fontaine, *les femmes et le secret*, au livre VIII des *Fables*. La vie propre aux légendes consiste à s'enrichir au fur et à mesure des critiques. Aussi faut-il que leurs personnages se conduisent d'abord en incrédules. L'objection nourrit l'invention. Et l'on trouve toujours une épingle à cheveux (avec plus ou moins de brillants) pour brocher la somme des trouvailles.

7. Matter dit que c'était le 19 juillet 1759. Les éditeurs de Kant (Ak. XIII, p. 23) confirment que dans un livre sur Stockholm (publié

en 1801) il est question d'un incendie ayant ravagé le Södermalm (300 maisons en 14 heures, le feu ayant pris vers midi), le 19 juillet (vieux style) 1759. Là est sans doute la source directe ou indirecte (par les *Documents* de Tafel) de la précision que fournit Matter. Ainsi la légende de Swedenborg fixe la date de ses voyages.

La lettre à Charlotte von Knobloch donne la date de 1756 (parce qu'elle-même est censée avoir été écrite en 1758); elle indique six heures et huit heures pour le commencement et la fin de l'incendie; et baptise William Castel le négociant de Göteborg (où, disent les éditeurs de Berlin, personne de ce nom n'a jamais résidé; leur hypothèse selon laquelle il pourrait s'agir d'un compagnon de traversée fait le plus grand honneur à leur franchise: ils sont trop étrangers aux falsifications pour avoir seulement l'idée qu'il y en ait une dans cette lettre ou son contenu).

Tafel cite paraît-il (voir Henry de Geymuller, *op. cit.*, p. 414-415) le récit de cette voyance, tel que Swedenborg en personne l'aurait fait à un aubergiste de Londres, qui à son tour l'aurait répété (et l'on précise: le 2 mai 1787) au témoin dont il se réclame. Mais qui donc (Swedenborg, l'aubergiste, son interlocuteur, Tafel ou H. de Geymuller) a glissé dans ce récit le nom de William Castel? « Selon la tradition générale, disent les éditeurs de Berlin, Swedenborg se trouvait chez Niclas Sahlgrens quand il eut la vision de l'incendie ». Étrange opinion unanime, d'un narrateur si bien caché qu'il se dérobe aux « spécialistes ».

8. Leibniz (*Nouveaux Essais*, II, XXVII, 9) parle seulement du « pays des fées ou de ma mère l'oie », dans lequel il arriverait « qu'un perroquet fût quelque fille de roi transformée », qui se ferait connaître comme telle en parlant; il veut dire par là que la définition de l'homme comme être doué de raison ne suffit pas, et qu'il faut y adjoindre « quelque chose de la figure et constitution du corps ». Cela

se rapproche un peu de ce que dit Kant au début du premier chapitre de la première partie (p. 68). Chez Wolff (*Ontologia*, § 77) est fabuleux tout monde d'où vient à disparaître le principe de raison suffisante, et qui dès lors tend à ressembler (§ 493) au monde qui est le nôtre dans les rêves. Baumgarten (*Metaphysica*, § 91) ajoute que tout s'y déroule conformément à nos désirs (c'est-à-dire sans égards pour la question *comment*).

9. On lit dans l'*Anthropologie* (au § 45, Ak. VII, p. 203) une série voisine de celle qui va suivre : « Plus douce est l'expression : chacun a sa marotte (principe populaire, mais peu goûté du sage) : tel parle du don qu'il a pour les pressentiments, pour certaines inspirations pareilles au génie de Socrate, de certaines influences qu'il prétend fondées sur l'expérience, bien qu'elles soient inexplicables, comme la sympathie, l'antipathie, l'idiosyncrasie, ces qualités occultes obsédantes, lancinantes comme la chanson du grillon, et que, lui mis à part, nul ne peut écouter ».

10. Il est exclu que nous songions à constituer pour le lecteur un guide de cet immense problème. Sa bibliographie remplirait un volume. On pourrait l'entreprendre à partir de l'ouvrage d'Henricus Josephus Rega, professeur à Louvain : *De sympathia seu consensu partium corporis humani, ac potissimum ventriculi, in statu morboso*, dont l'index alphabétique comporte plus de cent noms d'auteurs. Encore est-il, du fait de sa date (1721) extrêmement incomplet. Car naturellement il ne cite pas Haller, dont la grande physiologie (*Elementa physiologiae*, en 8 volumes) fourmille de références nouvelles. On en trouvera d'autres dans le recueil de Schlegel (*Sylloge selectiorum opusculorum de mirabili sympathia, quae partes inter diversas corporis humani intercedit*, Leipzig 1787), comprenant quatre dissertations, dont l'une est de 1781 et les trois autres de 1784. Comme on

voit, c'est là un sujet de conversation inépuisable, et l'on y est au moins en nombreuse compagnie.

Il faut nous borner à montrer que l'on y est également en excellente compagnie. Et pour que la chose apparaisse, dans l'esprit du texte de Kant, comme un motif d'étonnement, il faut dire en quel sens cela peut avoir lieu, car ce n'est pas toujours le cas. Il existe en gros deux manières de concevoir la sympathie, et l'on ne parle pas des mêmes choses dans un livre comme celui de Rega et dans les articles du *Grosses vollständiges Universal-lexikon* de Zedler, intitulés « sel sympathique » ou « pommade sympathique de Croll ». La médecine sympathique procède d'un schéma général, qui est que le malade, ou le blessé, est devenu imperméable au pouvoir nutritif, confortant, de l'air extérieur ; il s'agit de faire entrer de force dans son corps (d'où l'abondance des frictions) l'aliment que ce corps s'obstine à refuser ; il s'agit surtout de lui rendre une force vitale qu'il a perdue, et qui est seule capable de fixer la force éparse dans l'univers ; d'où l'utilisation, la récupération, de tout ce qui s'écoule au dehors de ce corps, lequel, mourant comme Tristan, « ne peut plus retenir la vie ». Son urine et son sang lui seront administrés ; l'arme meurtrière sera transformée en onguent, et contrainte de rendre la vie qu'elle a ôtée ; on mettra en conserve tout ce qui pouvait servir dans les hommes morts de mort violente : les roués, les décapités ; on cherchera les pierres dont la forme naturelle atteste une vertu plastique, pouvant reconstituer les organes déficients. Porte ouverte sur la magie imitative ! Il arrivera que l'on soigne, si le malade est trop affaibli pour supporter le traitement, une personne proche de lui par ressemblance ou parenté. Toutes les maladies ne sont que désaccord entre une nature et la nature ; la cure consiste seulement à ranimer les microcosmes ; le médecin est au malade comme Dieu est à l'univers. Raymond Lulle, Paracelse sont les aïeux lointains de cette « médecine universelle » ;

l'obsession du vieillissement suggère les matières médicales por-
teuses de jeunesse et de vivacité : les poumons de renard, le foie et les
intestins du loup, les hirondelles, la vipère (voir le chapitre XLIV de la
Pharmacopée universelle de Lèmery). « Il ne faut pas que le renard
dont on veut tirer les poumons soit mort de maladie, de peur que ce
viscère ne fût imbu de quelque méchante impression, ni qu'il ait péri
de vieillesse, car il serait privé d'esprits ». Ainsi la vie dans le renard
est la même que la vie en nous ; elle peut et elle doit être versée en
nous. Qui se ressemble s'assemblera. Textes périmés ? Mais le 41[e]
volume de Zedler (où les remèdes « sympathiques » sont autour de la
page 730) paraît en 1744, et le Lèmery (paru pour la première fois en
1697) connaît sa 5e édition en 1761. Et puis, qu'on veuille lire dans
l'*Encyclopédie* les articles *Esprit, Mercure, Principe...*

Pourtant, quelque légitime que soit ici le haut-le-cœur, il est
seulement « par sympathie » s'il se produit devant ce qu'entendent par
ce mot des médecins plus raisonnables. Lansel de Magny (*Traité de la
sympathie des parties du corps humain dans l'état de maladie*, Paris
1771) donne la définition suivante : « La sympathie dont nous parlons
ici est la communication de la douleur d'une partie à une autre partie.
Cette communication de douleur se fait par le moyen des nerfs surtout,
et par d'autres manières dont nous parlerons ci-après », à savoir par
exemple le cerveau, les membranes, les vaisseaux sanguins ou lym-
phatiques. Tel est le sens du mot sympathie chez Haller, et tels sont à
peu près les schémas explicatifs : soit répercussion à partir du *sensorium commune*, soit communication d'un nerf à ses voisins ; on peut
lire notamment *Elementa physiologiae*, tome IV, p. 320-322 (Livre X,
§ XXIII) ; p. 467 (Livre XI, Section II, § XIV) ; tome V, p. 275 (Livre
XV, Section II, § XVI) et p. 305 (Livre XV, Section III, § XIV) ; mais
le texte le plus complet est la petite édition des *Élémens de physiologie*, traduction Bordenave (Paris 1769), 2e vol., p. 97-98 (§ DLVII) :

anastomose des vaisseaux (d'où les saignées et les révulsifs), similitude de structure (ou plutôt de fonction : utérus et mamelles), continuation des membranes (douleurs rapportées, dans la gravelle), anastomose des nerfs (vomissements néphrétiques), *sensorium commune* (convulsions). Les sympathies sont une conquête du mécanisme, comme Rega l'a souligné (*op. cit.*, p. 3) : « Sic enim existimavi structuram illam corporis, quam recentiorum nonnulli mechanismum vocant, esse causarum omnium et affectuum secundariorum causam capitalem ». Rega est en effet disciple de Hoffmann, et l'on ne peut que renvoyer au sens que prend la sympathie dans une conception fibrillaire du vivant : vibration harmonique, consonante, des fibres ou des membranes tendues (mutua illa conspiratio fibrarum et membranarum : *Medicinae rationalis systematicae tomus tertius*, Sectio I, caput IV, notamment § III et § V, où l'on trouve également une longue citation d'Ettmüller).

Kant fait-il semblant de confondre ? N'oublions pas que la sympathie est l'explication, au moyen d'une continuité occulte, de phénomènes qui ont également l'aspect d'actions à distance (soit dit par parenthèse, si nous nous rappelons avec quel soin Leibniz a nié l'action à distance, nous nous garderons d'utiliser ce passage contre lui). Certes l'*expérience* des sons désagréables qui provoquent des grincements de dents est trop habituelle pour pouvoir nous choquer. Mais si on la considère, elle affole la raison : il y a écart qualitatif entre stimulus et réponse. Que dire, dès lors, des témoignages, moins courants, qu'Haller a cités ? Une mauvaise dent qui rend aveugle, une douleur dentaire qui rend sourd ou aphone, une surdité guérie par une diarrhée… La consonance d'organes lointains a tôt fait de réintroduire l'étonnant, ou l'inexplicable. L'encyclopédie de Zedler conclut l'article consacré au « baume sympathique de Croll » par cette phrase à méditer : « Si l'on nous demande comment et de quelle manière s'opère cet effet, nous sommes forcés de nous excuser, nous ne pouvons pas le concevoir, *voilà ce que dit Hoffmann* » ; c'est nous qui soulignons : là où l'explication n'est pas immédiate, c'est-à-dire vérifiable, n'importe quel prétendu fait a des chances de se faire admettre.

11. La baguette divinatoire (l'Y des sourciers) se rattache à la magie par deux aspects : ses origines que l'on dit égyptiennes, et les rites spéciaux dont elle est assortie. Voir les *Éphémérides* des curieux de la nature pour 1696 (*Miscellanea curiosa*, 3ᵉ décade, 4ᵉ année, p. 126 à 130). De plus, elle suppose chez l'utilisateur une vitalité spéciale (*ibidem*, p. 128). Or n'oublions pas que les mines étaient censées nourrir et faire croître les métaux, et non pas les contenir seulement : « les minéraux croissent » pour Linné, et les fossiles poussent dans le jardin de Voltaire. La baguette met en rapport ces deux obscures vitalités : celle du sous-sol et celle de celui qui la tient, entre les mains de qui elle s'incline vers la terre, et que pour ce motif on appelle le *tourneur*.

Les hommes du métier ne lui sont pas favorables : tout d'abord Paracelse (qui l'eût cru ? et pourtant voir ses œuvres, éd. de Genève 1558, tome I, p. 120, col. a et b) ; Henckel (*Flora saturnisans*, p. 262, dernières lignes de l'ouvrage). À quoi bon ? Il ne sert à rien d'être réservé sur ses vertus, ni de les rejeter franchement. Il vaut mieux n'en rien dire, la plupart de ceux qui en parlent étant considérés comme les ayant reconnues. Leibniz a eu bien de la chance s'il ne lui est pas arrivé d'être classé parmi leurs garants, car il les a niées deux fois : dans la *Protogée*, § IX (éd. Dutens, II², p. 209) et dans une lettre à Magliabecchi (Dutens, V, p. 106). Mais Jean-Gottlob Lehman a été désigné par Valmont de Bomare (*Minéralogie ou nouvelle exposition du règne minéral*, 1762, tome II, p. 21-22) comme une caution du même ordre que « M. l'abbé de Valmont », alors qu'il a prié lui-même qu'on le dispense « d'ajouter foi à de pareils secrets » (*L'art des mines ou introduction aux connaissances nécessaires pour l'exploitation des mines métalliques*, trad. française Paris 1759, tome I, p. 16-18 ; voir encore tome II, p. 225-226). Beccher (*Physica subterranea*, 1738, p. 279) déclare n'en rien savoir, ce qui n'empêche pas Wessel-Linden (*Lettres sur la minéralogie et la métallurgie pratiques*, trad. française 1752, p. 55 à 75) et Thouvenel (*Mémoire physique et médicinal montrant des rapports évidents entre les phénomènes de la baguette divinatoire, du magnétisme et de l'électricité*, Londres et Paris, 1781, p. 287) de l'annexer sans aucun scrupule.

« La plupart des auteurs se copient les uns les autres », c'est-à-dire qu'ils ne font jamais la moindre vérification. Ce propos désabusé de Henckel (*Flora saturnisans*, p. 263) ne dit peut-être même pas toute la vérité. Car on a l'impression que leur légèreté, leur méconnaissance des textes (pour ne rien dire des objections) a provoqué les mythomanes. *La Description de l'aimant qui s'est formé à la pointe du clocher neuf de N. Dame de Chartres* par l'abbé Le Lorrain de Vallemont a précédé de peu l'histoire de Jacques Aimar, ce paysan du Dauphiné qui découvrit un criminel en se laissant guider vers lui par sa baguette, et qui le rattrapa en le suivant à la trace, après plusieurs journées de voyage. Sur les déconvenues ultérieures de l'imposteur, voir *Journal des sçavans* pour l'année 1693 (p. 189 et 190) ; sur les polémiques des philosophes, même journal, même année, p. 270-272 et 304 ; nous n'avons pas eu sous les yeux ces fameuses *Lettres qui découvrent l'illusion des philosophes sur la baguette*, et malgré ce qu'avance à l'article *Aimar* la *Biographie universelle* de Michaud nous nous garderons de commenter l'explication que Malebranche aurait donnée de ce phénomène. Encore qu'un schéma mécaniste ait l'avantage d'écarter le miracle, et ainsi de ne pas engager la religion dans la croyance à un événement suspect, nous éviterons également de nous fier à l'autre ouvrage de L. L. de Vallemont (*La physique occulte, ou traité de la baguette divinatoire*, 2 vol., Den Haag 1697) et de tenir pour compromis les croyants de bon sens dont il se prévaut : Boyle, Mariotte, Gassendi. Car Samuel Formey, secrétaire de l'Académie de Berlin, avait lui aussi proposé une théorie matérialiste de la baguette, que l'on retrouvera mentionnée en 1802 dans le *Dictionnaire des merveilles de la nature*, par Sigaud de la Fond. C'est d'après ses recherches qu'a été rédigé l'article de l'*Encyclopédie* relatif à cet instrument : or cet article est signé O., ce qui veut dire d'Alembert. Auprès de qui serait-on en meilleure compagnie ?

Ajoutons que la fin du XVIIIe siècle suscitera à Aimar de nouveaux héritiers thaumaturges. Une fois de plus, c'est certainement de la faute d'un écrivain, le montpelliérain Pierre Thouvenel. L'importance prise par le débat entre électricité animale et minérale, entre Galvani et Volta (voir notamment les tomes 2 et 3 des *Mélanges d'histoire naturelle* de Thouvenel, Paris 1806) est à l'origine d'une variante : le pendule, formé d'un simple fil et d'un morceau de pyrite, inventé par l'Italien du Nord Campetti. Un jour viendra où les paroles que Marcel Pagnol met dans la bouche du héros de son film *La fille du puisatier*, sur les mérites comparés de la baguette et du pendule, seront justifiées savamment par quelque mémoire composé par un physicien romantique, l'Allemand Ritter par exemple.

12. La doctrine des idées matérielles signifie que l'anthropologie wolffienne est, dans toute sa partie empirique, causaliste. Et comme les causes sont au passé, concevoir l'imagination, c'est la transformer en mémoire. Ou bien, donc, il n'y a pas vraiment d'imagination de l'avenir, ou bien il faut admettre une présence du futur. Wolff n'accorde le mot de *perceptionis praevisio* (*Psychologia rationalis*, § 488) que pour mieux refuser la chose : fieri enim potest, ut videamur nobis perceptionem aliquam habere posse, quam tamen habere non

possumus (*ibidem*; voir également *Psychologia empirica*, § 804). L'erreur de Baumgarten est de parler trop longuement de la prévision (*Metaphysica*, § 595 à 605) et de l'anticipation (§ 610 à 618, puis § 640) : quand une fin de chapitre (§ 617) pose l'existence de « pressentiments vains » elle laisse penser qu'il y en a de vrais. La permanence du Stoïcisme (partout sensible, et même à Halle, comme on le voit en la personne d'un chrétien conscient comme Stahl) remplit spontanément les vides. Le *fatum stoicum* imprègne les médecins, littéralement cernés par une cosmologie qui confond l'éther de Newton et le panthéisme de Virgile, pour lequel tout est plein, et plein de Jupiter. Aussi, frappés dans leur pratique par le fatalisme des malades, se laissent-ils aller souvent à un bavardage théorique qui restaure la *divinatio*. « Il y a plus d'un exemple, écrit J. G. Krüger, et même ils ne sont pas rares, de gens qui ont prévu non seulement le jour, mais l'heure de leur mort » (*Versuch einer Experimental-Seelenlehre*, 1756, p. 149 : mais il faut se reporter aussi aux documents qui constituent la deuxième partie de son livre, notamment aux pages 154 et 182). La médecine reflète les mythes de ses patients.

Aussi la compagnie paraît-elle cette fois-ci moins noble, et partiellement spécialisée. Le *Hamburgisches Magazin* (tome VIII, p. 255) contient cette phrase, échappée à un amoureux de mythologie grecque : « Quelle vertu secrète il y a dans les pressentiments et les songes ! Les philosophes perdus qui sont libres-penseurs peuvent bien nous ressasser qu'il ne faut pas en tenir compte ; Cérès nous enseigne à ne pas les jeter au vent » ; mais celui qui l'a écrite n'est qu'un petit Magister, une sorte de sans-grade de l'Université. Du reste, une revue est, par certains côtés, une manière de ramassis. Et l'*Encyclopédie*, n'en est-elle pas un ? L'article *Rêve* le laisserait croire : « Les rêves sont des affections de l'âme qui surviennent dans le sommeil, et qui dénotent l'état du corps et de l'âme ; surtout s'ils n'ont rien de commun avec les occupations du jour; alors ils peuvent servir de diagnostic dans les maladies». Étrange, mais franc: si le rêve ne répète pas ce que l'on a fait, il annonce ce que l'on va être; la mer agitée signifie la prochaine affection du ventre; les objets qui passent vite sont avant-coureurs du délire, et de quelque malaise s'ils vont vers l'occident. L'avenir y est lisible, encore que ce soit pour le médecin qui décrypte, et non pour le malade qui se borne à subir: mais ce distinguo n'est pas profond, il n'est d'aucune conséquence dans une médecine « clinique », qui se veut directement instruite au lit de ses malades. Car ces «rêves expliqués» sont tirés de Jodoc Lomm, lequel les doit à Hippocrate, comme tout le restant de son savoir (voir Sprengel, *Histoire de la médecine*, tome III, p. 163, 174-175, 219); l'article *Rêve* est le signal d'une renaissance hippocratique, ou plutôt para-hippocratique; son auteur, qui s'appelle Menuret de Chambaud, dispersé dans les tomes de l'*Encyclopédie* qui voient le jour en l'année 1765, distille et insinue un goût pour le concret qui n'est pas celui des idées claires, aux articles *Manie, Mélancolie, Mort, Somnambulisme*, et principalement *Influence des astres*, dont nous aurons à reparler. Ce mouvement dont il inaugure l'existence officielle comme école médicale atteste la persistance d'une certaine tradition, qui a suscité en Allemagne une pensée comme celle d'Unzer: impossible sans elle de comprendre tant de passages qui nous inquiètent dans son livre de 1771 *Erste Gründe der Physiologie der eigentlichen thierischer Natur thierischer Körper* (le § 147, le § 176, et la série des § 239 à 249, consacrée aux prévisions et aux prémonitions).

La portée de ces phénomènes, pour le cas où ils seraient réels, est clairement donnée à l'article *Pressentiment* par de Jaucourt: «Il est certain qu'il n'y a rien d'impossible dans le système qui suppose quelque commerce entre les substances spirituelles qui composent le monde spirituel, et les hommes. Mais à quoi pouvons-nous connaître ce commerce ? Ce qu'on nomme pressentiment est-il véritablement la voix secrète de quelques-unes de ces intelligences ? Doit-on croire les mouvements dont on ne peut rendre raison ? L'auteur de Robinson Crusoë le prétend… ». Ainsi robinsonnade, ou utopie exotique étaient pour Kant, au lieu de « voyage extatique », des titres possibles du chapitre consacré à la même vision qu'il rencontre chez Swedenborg.

13. Écartons l'inquiétude qui transit les parents dans l'attente d'une naissance (elle est muette, réceptive, pas du tout inventive). Nous n'en verrons que mieux les deux sources historiques de cette croyance.

Voici, sans aucune prétention chronologique, la première : « Une femme grecque étant accusée d'adultère, parce qu'elle avait mis au jour un enfant qui ne ressemblait point à son mari, Hippocrate trouva le moyen de tirer cette femme des liens de l'accusation » (Bordeu, *Recherches sur l'histoire de la médecine*, dans *Œuvres complètes*, Paris, Caille et Ravier, 1818, tome II, p. 718). Et pourtant il était contraire à l'opinion qu'il professait concernant la génération, que l'imagination pût être responsable d'une pareille dissemblance. Débat cornélien. Mais celui au nom de qui nos jeunes médecins prêtent serment de défendre la vie « dès l'instant de la conception » pouvait-il ne pas vouloir sauver également une épouse coupable ou soupçonnée de l'être ? Le châtiment qui la menaçait était plus évident qu'une doctrine médicale. Et même qu'une doctrine quelconque sur ce phénomène bien caché. Ainsi les pouvoirs dangereux de l'imagination chez les femmes enceintes sont une habileté qui fait beaucoup d'honneur à l'anti-dogmatisme et à l'humanisme hippocratiques.

La seconde source est chrétienne, de trois manières différentes. Premièrement, judéo-chrétienne. La Genèse nous apprend (chapitre 30, versets 37 à 42) comment Jacob se fit un troupeau personnel en exploitant celui de Laban, à partir d'une convention lui attribuant tout agneau qui serait tacheté ou rayé ; dans les auges et les abreuvoirs il disposa des branches vertes, pelées par bandes pour mettre à nu cette partie blanche du bois qu'on appelle l'aubier. Effet radical : « les brebis entraient en chaleur près des branches, et elles faisaient des petits rayés, tachetés et marquetés ». Deuxièmement : polémique. S'il y avait trop de miracles, ceux du vrai Dieu seraient affaiblis ; trop de choses seraient divines, et le divin n'aurait plus de sens. (Voir note 11 pour cette même page). Il est donc opportun d'avoir à sa disposition une explication naturelle concernant les êtres qui naissent porteurs d'étranges caractères, comme le bœuf Apis que la crédule Égypte adorait pour ses taches blanches. Était-ce une si grande chose, demande saint Augustin, que de présenter à la génisse l'image d'un pareil taureau, pour que « le désir de la mère lui empruntât les traits que son fruit manifesterait sur son corps » ? Les générations animales ne sont pas une telle merveille qu'il faille beaucoup de puissance pour en maîtriser la couleur (*Cité de Dieu*, XVIII, 5). Troisièmement enfin : dogmatique, comme il apparaît chez Malebranche. Ne faut-il pas qu'il y ait un moyen général pour la transmission générale des tares résultant du péché originel ? La concupiscence matérielle, tout comme l'instinct prévenant relatif aux biens du corps, est inscrite dans les traces également matérielles qui se propagent aussi sûrement que toute espèce d'hérédité, du cerveau de la mère à celui de l'enfant. « Lorsque le corps n'est pas entièrement formé, et que les chairs en sont extrêmement molles et délicates, non seulement ces mouvements qui accompagnent les désirs de l'âme mettent dans le corps certaines dispositions particulières, ils peuvent même en changer la construction » (*Traité de la nature et de la grâce*, 2e discours, première partie, § XV). On peut en lire davantage dans la *Recherche de la vérité*, livre deuxième, première partie, chapitre VII, où est fermement rappelée la finalité de ce problème : « Nous avons suffisamment expliqué ce que l'imagination d'une mère peut faire sur le corps de son enfant ; examinons présentement le pouvoir qu'elle a sur son esprit et tâchons ainsi de découvrir les premiers dérèglements de l'esprit et de la volonté des hommes dans leur origine, car c'est là notre principal dessein » (éd. Lewis, 1946, tome I, p. 216). Voir aussi le 4 e entretien, dans les *Conversations chrétiennes*.

Ces quelques indications pourront aider le lecteur à ranger par familles les auteurs innombrables nommés par Benjamin Bablot (*Dissertation sur le pouvoir de l'imagination des femmes enceintes*, Paris 1788) ou par J. B. Demangeon (*Du pouvoir de l'imagination sur le physique et le moral de l'homme*, Paris et Bruxelles 1829) : respectivement 234 et 554 pages… Sur tant de compagnons on peut faire son choix, de façon qu'ils soient excellents. En voici dont les *Rêves* reconnaissent le mérite : Maupertuis (*Vénus physique*, première partie, chap. XV : « qu'une femme soit accouchée d'un enfant dont les membres étoient rompus aux mêmes endroits où elle les avoit vus rompre à un criminel, il n'y a rien, ce me semble, qui doive beaucoup surprendre ») ; Stahl naturellement (*Disquisitio de mechanismi et organismi diversitate*, § 88 ; *Theoria medica vera*, Physiologia, Section I, membre I, § 12 ; membre III, § 9 ; membre VII, article VI, § 9, article VIII, § 23 ; Section IV, § 12 à 14 et § 31) ; mais aussi Hoffmann, dont la *Dissertatio physica de imaginationis natura ejusque viribus* (1687) est remplie d'histoires pittoresques : témoin celle d'une petite fille qui avait deux valves de moule à la place de la tête (des suites d'une « envie » de sa mère) et mourut à onze ans de les serrer trop fort ; et celle, nettement tendancieuse, d'une maîtresse du pape Nicolas III demandant à Martin IV, par mesure de sécurité, d'effacer les peintures représentant des ours sur les murs du Vatican, parce qu'elle ne voulait plus avoir d'enfant hirsute (notons que Nicolas III s'appelait Orsini, et que son successeur était tourangeau, ce qui est assez pour faire comprendre le grattage des peintures, s'il a vraiment eu lieu); certes, dit le § XIV, il reste la question *comment* (restat modus, quo imaginatio stigmata foetui inducat); mais il l'expédie en quelques lignes : ce qui émeut la mère doit à plus forte raison affecter l'embryon plus tendre. En 1765, le Cat (*Traité de la couleur de la peau humaine*, p. 18) juge « pitoyable » que l'on combatte un pouvoir pour la simple raison qu'on n'en saisit pas le mécanisme.

Un mot maintenant de ceux qui étaient contre. Leibniz, habilement, qui écoute les histoires et réserve son jugement : « ce qui mérite pourtant confirmation », disait-il (*Nouveaux Essais*, livre III, chapitre VI, § 23). Mais Buffon, carrément : *Histoire des animaux*, chapitre XI, *Du développement et de l'accroissement du fœtus*. Eller aussi (*Mémoires de l'académie de Berlin*, année 1756 : Sur la force de l'imagination des femmes enceintes sur le fœtus, à l'occasion d'un chien monstrueux) ; mais son article est incohérent : il commence par nier toute « continuité… entre les vaisseaux sanguins de la mère et ceux du fœtus », mais ensuite il invoque les afflux de « mauvais sang » (p. 10) pour les malformations imputables à des accidents survenus en cours de grossesse. Au total on peut dire que la position de Kant n'était pas dépourvue d'audace. Qu'il l'ait maintenue, on peut le voir dans sa *Définition du concept de race humaine*, § V (Ak. VIII, p. 97).

14. L'influence des astres est une sorte de synthèse de tous les mythes précédents. Ses effets venus de si loin ressemblent à des faits de sympathie ou de correspondance ; elle est décisive pour le choix du moment ou l'on doit couper la branche de coudrier qui servira de baguette ; elle se *voit* sur les corps bruts (sur la mer et sur l'atmosphère) et se *conclut* pour les vivants (machines plus sensibles et plus impressionnables) par un raisonnement a fortiori, comme l'imagination doit affecter l'enfant parce qu'elle affecte la mère,

sensiblement plus résistante ; enfin, elle appartient, comme la divination, à une tradition équivoque, magique, stoïque, ou hippocratique, qu'en 1765 Menuret fait revivre dans l'*Encyclopédie*, le plus sérieusement du monde : les sibylles d'autrefois, les tireurs d'horoscope, les maniaques de nos jours sont seulement des esprits plus mobiles et plus vifs, dociles aux influences qui gouvernent l'univers, et capables par là de prévoir le futur. Nous ne pouvons que renvoyer le lecteur incrédule à l'article *Manie* (tome dixième, p. 32) et à *Influence des astres* (tome huitième, p. 733) : il y fera lui-même sa bibliographie. De formation montpelliéraine, Menuret cite une thèse que Boissier de Sauvages aurait dirigée, c'est-à-dire pratiquement rédigée lui-même « guidé par l'observation, à l'exemple de Mead » (qui s'est intéressé à « l'influence du soleil et de la lune sur le corps humain » dans une dissertation que l'on trouve au tome second de ses *Œuvres physiques et médicinales*, traduites par Coste, Paris 1774, p. 33 à 99). Limitons-nous toutefois, entre les bons auteurs, à ceux qui étaient les plus actuels et les plus accessibles à Kant.

D'une part, sans aucun paradoxe, Hippocrate. Ce que le XVIIIe siècle conçoit sous le nom d'épidémie, c'est un événement situé et daté, inscrit dans les propriétés naturelles d'une région : c'est la peste de Londres en 1665 (reconstituée en 1722 par Daniel Defoë dans son remarquable *Journal de l'année de la peste*), ou celle qui ravage la Prusse orientale à partir de 1708 ; c'est la malaria de la banlieue de Rome, étudiée par Lancisi. Voir notre article Médecine militante et philosophie critique (*Thalès* 1958, p. 37 à 46) et Foucault, *Naissance de la clinique* (p. 21 à 26). Or, selon Posidonius « le bon géographe doit considérer les choses terrestres en liaison avec les célestes ». C'est ce qu'avait dit Hippocrate, tout au long de son traité *Des airs, des eaux, des lieux* : « la connaissance de la situation des astres n'est pas une des moindres parties qui concourent à former le médecin » (§ 2). À cela s'ajoute que pour lui (*Des vents*, § 2) « l'intervalle immense qui sépare la terre du ciel est plein de souffle » ; et que le souffle « se rend d'abord au cerveau », lequel « nous avertit, tant qu'il est sain, des changements qui arrivent à l'air » (*De l'épilepsie*, § 18) : par là notre cerveau qui « exerce le plus grand empire sur l'homme » est relié aux astres lointains. L'éther de Newton ne pouvait manquer de raviver un tel souvenir. Et de plus, avec ou sans le chaînon formé par saint Augustin (*Cité de Dieu*, VII, 23), les piétistes résolus à ne plus faire aucun cas de la micro-finalité relancent les études météorologiques, où se fait remarquer Johann-Michaël Hahn, qui est l'ami d'Oetinger. Sans le moindre besoin des conseils ironiques donnés par le Roi-Sergent aux académiciens, il se trouve toujours des faiseurs d'alma-nachs pour traduire ces notions-frontières de la science en préceptes d'agriculture : citons, sans plus, les *Breslauer Naturgeschichten* de juillet 1718 (p. 1376 *sq.*) et l'article *Mond* dans l'*Universallexikon* (consulté ci-dessus au sujet des sympathies).

D'autre part, il y a l'étude de Hoffmann : *De siderum in corpora humana influxu medico, dissertatio physico-medica* (au tome V de ses œuvres, p. 70 à 77). C'est un modèle et une somme, tellement elle met d'ordre et de soin dans l'inventaire (jamais exhaustif…) du problème. Elle examine d'abord le rôle des planètes, puis les renforcements et les atténuations qu'il peut recevoir selon la lune (§ VII) et selon les saisons de l'année : gare aux fièvres quartes en automne, aux hémor-ragies en été (§ VIII), aux maladies lentes vers l'équinoxe (§ IX), aux maladies aiguës au solstice d'hiver (§ X). Puis vient le détail des effets du soleil et de la lune, notamment sur les femmes (au § XVI) ainsi que leurs menaces pour la végétation (§ XX), le corollaire légitime étant le compte à en tenir pour la thérapeutique (§ XXVII). Un scrupule cri-tique permet de dégager le noyau des faits les plus importants (où les épidémies ne sauraient être oubliées : § XXXII). Reste, comme pour les pouvoirs de l'imagination, la pénible question *comment*. Objection méprisable : « Vetus porro est canon philosophicus, a negatione modi et τοῦ δὶ ὅτι ad τοῦ ὅτι sive existentiae non esse concludendum » (§ XXXV). Le travail se termine en récapitulant les règles à suivre pour le médecin, comparable au pilote que la mer déchaînée ne détourne pas de sa mission : en cas de crise il sait faire face aux puissances hostiles des astres « prima occasione adhibet remedia ad tollendam morbi ferocitatem ». À l'excès de réceptivité qui entraîne la maladie, l'activité saura répondre. Chacun à son poste, c'est le mot d'ordre de ce stoïcisme restauré, proclamé dans le même volume par une autre dissertation : *De fato physico et medico* (p. 77 à 88). Le bon sens de l'homme d'action efface à point nommé les suites de sa doctrine.

15. Mais aussi une panthère, une lionne, un singe. Quand il s'agit d'un monstre ou d'un sorcier, c'est pour flétrir la grossièreté du peuple, laquelle a bon dos, nous le savons. Si Kant a raison, saluons le courage de ces Lozériens, sachant rire au moment où ils n'avaient pas de quoi, harcelés par la bête toujours insaisissable et envahis sur leurs terres par les soldats du roi, aussi nombreux qu'aux dragonnades et à peu près aussi mal vus. Seulement le peuple n'écrit guère (ni ses peurs, ni ses canulars) tandis qu'on nous a conservé le mandement épiscopal du 31 décembre 1764, ému et alarmé par « ce fléau extraordinaire… qui porte avec lui un caractère si frappant et si visible de la colère de Dieu. Une bête féroce, inconnue dans nos climats, y paraît tout à coup comme par miracle, sans qu'on sache d'où elle peut venir » (*Histoire de la bête du Gévaudan, véritable fléau de Dieu…* par l'abbé Pourcher, à Saint Martin de Boubaux, 1889). Comme il était question de lionne et de léopard dans les versets bibliques invoqués par l'évêque de Mende, on pouvait s'attendre aux rumeurs les plus extravagantes.

Une bête plus grande que les autres fut tuée en juin 1767, mais tout le monde est sûr que ce n'était pas la vraie. Dernière révélation (vers 1960) : *la* bête du Gévaudan, c'était le marquis de Sade. On peut en demander les preuves à M. Aribaud-Farrère, 14, rue de la Paix, 34-Béziers, auteur d'une plaquette suggestive : *La bête du Gévaudan identifiée.*

16. Artémidore d'Éphèse (première moitié du second siècle de notre ère) auteur d'un traité sur les rêves dont le titre (Oneirocritica ; *La clef des songes*, Paris, Vrin, 1975) semble avoir motivé l'appréciation de Kant. Le sens du texte est en effet que son enquête a démystifié les anciennes clefs des songes. Il est bien possible qu'il ait dénoncé toute la classe des rêves ayant « leur origine dans le présent ou dans le passé » (voir notre note 12 de la page 214) et par là provoqué un progrès partiel : l'auteur cité par Freud (*La science des rêves*, p. 3) le laisse du moins supposer. – Sur Philostrate, biographe fabulant d'Apollonius de Tyane, Kant a pu être renseigné par la volumineuse *Historia critica philosophiae* de Brucker.

Chapitre II : Voyage extatique

1. Le mot qui manque à cette citation est *rides*. Horace, *Épîtres*, II, 2, vers 209.

2. Le nom de physiciens que Kant leur donne ici est appelé pour symboliser une connaissance *a posteriori* (en tout cas il y est conforme). Mais il n'est pas le plus courant dans le débat évoqué par lui. La *Critique de la raison pure* (qui en contient le souvenir au § 7 de l'Esthétique transcendantale) fait même passer à l'intérieur de la classe des physiciens la ligne de partage entre eux et leurs adversaires (Ak. III, p. 63). Les remarques préliminaires de la *Monadologie physique* (Ak. I, p. 475), la *Dissertation de 1770* (§ 15, D ; Ak. II,

p. 403), et même dans la *Critique* le § 13 de la Déduction transcendantale (Ak. III, p. 101), confirmé par la *Remarque I* de la première partie des *Prolégomènes*, parlent surtout de géomètres. Toutefois la géométrie présente l'inconvénient (pour expliquer le présent passage) de procéder a priori, bien qu'elle refuse le contrôle d'un autre a priori que le sien. Un peu d'histoire peut-être éclaircira la chose.

Ne remontons pas jusqu'à Leibniz, ce perpétuel inventeur dont se réclament désormais des disciples conservateurs. Trop de facteurs ont changé depuis sa disparition. Si le géomètre et le physicien peuvent être pris l'un pour l'autre, c'est (en dehors des raisons épistémologiques) parce qu'une même guerre leur est faite.

L'épisode par lequel nous allons commencer n'est pas le premier suivant l'ordre chronologique. Mais précisément il survient à l'heure où tout est déjà clair. Dans le tome quatrième de l'*Encyclopédie* (1754) l'article *Définition* est de Samuel Formey. Son titre y joue le rôle de cible : ce n'est pas une étude, mais une démolition, un pilonnage en règle. Il s'agit d'aboutir à cette conclusion : que le péché mortel de la philosophie est l'abstraction réalisée, la croyance que des mots peuvent tenir lieu des choses, nous en procurer la nature, et nous faire saisir pour « chaque être en particulier » l'intime constitution qui fait de lui ce qu'il est. Cette faute, le philosophe ne la commettrait pas s'il n'avait devant lui l'exemple du physicien, qui s'imagine connaître l'essence même des substances, sans voir qu'on peut lui refuser la réalité de ses notions, comme celle de pesanteur. Mais le physicien lui-même ne fait que prolonger la mauvaise habitude, prise en mathématiques, de s'appuyer, sans réfléchir, sur de premières conventions. La géométrie, par exemple, n'a d'autre base que « la définition des mots » ; elle commence par dire ce qu'elle veut entendre par le mot point, ou le mot ligne ; elle en tire des conséquences par des démonstrations qui certes sont infaillibles « mais il faut toujours se souvenir que ce sont là des vérités qui n'ont pour fondement que des natures idéales de ce qu'on s'est mis arbitrairement dans l'esprit ». Si l'on demande ce qui reste qui soit digne de notre attention, la gloire de Descartes sera là pour prouver « qu'il y a des idées plus claires que toutes les définitions qu'on en peut donner ». Bref, comme cela est souligné en quelques lignes par d'Alembert (le géomètre à qui on laisse pourtant le droit de réponse) le philosophe prétend aux choses mêmes sans l'effort d'être exigeant et rigoureux sur la définition des mots.

L'autre épisode se rattache au principe de la moindre action, que Maupertuis présenta à l'Académie de Paris, le 15 avril 1744 (*Œuvres de Maupertuis*, édition en 2 vol., Lyon 1753, tome I, p. XX). La critique à laquelle il aurait dû s'attendre était celle du concept d'action, produit paradoxal de l'espace par la vitesse : cela seul aurait justifié les tirades les mieux senties contre « l'arbitraire » du géomètre, les « chimères mathématiques », ou « les principes abstraits dont l'existence réelle est entièrement contradictoire ». Mais le bien-fondé de cette création fut attesté presque aussitôt par une variante dont Euler fut l'auteur, puisqu'il la retrouva sous une forme voisine, celle du produit de la vitesse par l'élément de courbe, dans un mémoire consacré à la trajectoire des planètes. Le succès de la méthode n'étant pas contestable, on pouvait en nier seulement la nouveauté, ce qui fut la tâche de Koenig. Mais c'est encore Formey que nous devons relire pour comprendre le sens de cette dépossession : il fallait reprendre aux vivants leurs mérites de créateurs, et les rendre à Leibniz, afin que rien ne pût être ajouté à la science par un non-métaphysicien. Maupertuis avait dit que la beauté du monde, mathématiquement découverte, montrait assez la main de Dieu, et que des preuves de ce genre (dont il prévoyait le grand nombre) avaient de quoi retenir ceux qui n'ont pas confiance dans le raisonnement métaphysique. C'est ce dernier, qu'on craint qu'il ne veuille anéantir : on l'accuse d'athéisme, mais le fond du scandale soulevé autour de son nom est un réflexe corporatif. Le finalisme offre à chacun la possibilité d'asseoir sa religion sur l'étude qui lui conviendra, de la rendre peu à peu plus large et plus probable. Mais c'est là, dit Formey (*Mélanges*, I, p. 3) vivre au jour la journée, sans prendre soin de ramener « les raisonnements que nous formons, aux premiers principes de nos connaissances, à ces notions communes qui peuvent seules produire l'évidence, et nous amener à une pleine conviction ». La qualité de savant ne représente pour lui que « l'enseigne du savoir », un titre que l'on se donne, une perte par rapport aux clartés intérieures, une idolâtrie du fini, qui fait servir à l'athéisme les perfections divines et même la providence (*ibid.*, p. 10). « Se félicite qui voudra… d'acquiescer à ce raisonnement : *il y a de l'ordre, donc il y a un Dieu*. Nous osons dire que sa satisfaction est puérile, et son acquiescement téméraire » (*ibid.*, p. 81-82). La science veut un préalable, que la métaphysique seule peut lui fournir.

Dans la *Critique de la raison pure*, Kant bouscule sans ménagement cette prétention vaniteuse : « La géométrie va son chemin… sans avoir a demander à la philosophie un certificat d'authenticité sur la provenance pure et légitime de son concept fondamental d'espace » (Ak. III, p. 101). L'idéalisme transcendantal constitue pour la science une charte libératrice, un fondement de droit pour son indépendance : « c'est ainsi et non autrement que le géomètre peut être protégé contre toutes les chicanes d'une plate métaphysique » (*Prolégomènes*, Ak. IV, p. 288). Dans l'*Unique fondement possible d'une preuve de l'existence de Dieu*, Kant laisse voir toute sa sympathie pour le parti des physiciens, à un point tel que l'on peut admettre une influence de Maupertuis et de son *Essai de Cosmologie*.

3. Mais une objection philosophique demeure une objection d'école, pour ne pas dire de parti ; elle ne répète jamais que l'ambition

du monopole : « metaphysica est scientia primorum in humana cognitione principiorum » (Baumgarten, *Metaphysica*, § 1). À cela se ramène tout ce qu'a écrit Formey : « les fondements, qui donnent de la validité aux preuves, se nomment des *Principes* ; et toute la force de la preuve dépend de la bonté du *Principe*, comme la solidité d'une maison de la bonne assiette de ses fondements » (*Histoire de l'Académie de Berlin*, année 1747, p. 365). L'ironie du destin veut qu'au temps même où Kant se disposait à lui adresser par Mendelssohn un exemplaire de ses *Rêves*, Formey pouvait se délecter à la lecture d'un mémoire qu'il avait déjà présenté à l'Académie de Berlin, et qui attendait l'impression ; on peut y lire (*Histoire...*, année 1765, p. 442-443) : « mon but est uniquement de faire sentir que toute certitude, de quelque genre qu'elle soit, dépend des premières notions de la Métaphysique... en sorte que la ruine de la Certitude métaphysique emporte celle de toutes les autres ». Précisons que toutes les majuscules sont de lui : « La Métaphysique est la Science des notions générales, qui se forment par abstraction, à mesure que nous avançons dans la comparaison d'abord des différents individus, ensuite des espèces, et enfin des genres, jusqu'à ce que nous nous élevions à la notion la plus abstraite, la plus universelle, au genre le plus éminent auquel nous puissions atteindre. Les opérations par lesquelles se forme la théorie des notions, sont précisément les mêmes qui font l'objet de la Logique ; il faut commencer par une intuition exacte et attentive des objets, passer de là à la réflexion pour les comparer et en juger, et continuer ensuite ces jugements d'une manière qui en forme des raisonnements concluants, et des suites de raisonnements qui aient le caractère de la Démonstration ». Comme on voit : une moitié de Locke, et une moitié de l'Être pur. Pour ce qui est de la Logique, les physiciens avaient conscience de la contradiction opposant l'inertie (absence d'action) à l'impénétrabilité (qui est une action effective). On peut croire qu'ils s'en consolaient.

4. *Bucoliques*, III, vers 65.

5. Voir plus haut, page 61, appel de la note 2. Ce n'est pas en tant que symbole de l'église romaine que fonctionne ici la triple couronne, mais en tant qu'objet mystérieux, pareil à ceux de l'*Apocalypse*, comme le nombre de la bête (chap. 13, verset 18) en est un. Pour ce dernier, on sait que Kant l'a évoqué, dans la *Fausse subtilité des quatre figures syllogistiques* (Ak. II, p. 57) comme exemple des connaissances inutiles et inaccessibles. Le sens est le même ici. Christian Ludwig Liscov, écrivain satirique apprécié par Kant (Vorländer, *Immanuel Kant, op. cit.*, tome I, p. 376) était célèbre pour avoir porté le coup de grâce à un piétiste de Halle, du nom de Philippi, dont le népotisme régnant et l'esprit de parti avaient fait, bien qu'il fût médiocre, un professeur de Faculté. Dans ses *Carreaux brisés* (réédités au tome I de ses *Schriften*, Berlin 1806) il fait une parodie très drôle des communications savantes, imitant les styles divers, prophétique (p. 195), wolffien (p. 200), matérialiste (p. 203-204), piétiste (p. 205 et 207), chacun des érudits qu'il consulte pour sa vitre ayant sa marotte bien à lui (p. 198). Voir notre note 9 de la page 208. Voir aussi *Anthropologie*, § 32 (Ak. VII, p. 179) : « Selon Helvetius, une dame ayant vu sur la lune grâce à un télescope l'ombre de deux amants, le curé qui regarda après elle lui dit : non Madame, ce sont les deux tours d'une cathédrale ».

6. Pour parler de ce compte rendu, Matter (p. 371) prend le ton objectif : il reconnaît la compétence *philologique* de son auteur. Benz prend l'air mortifié, déplore le dénigrement dont fait preuve ce théologien qui, d'ordinaire qualifié de libéral, devient sous sa plume orthodoxe (*Swedenborg in Deutschland*, p. 239). Swedenborg déclara (Matter, p. 371) qu'il n'y « avait pas trouvé un grain de raison ».

Kant s'est trop amusé de la philologie (voir note précédente) pour aborder l'étude qui devrait aboutir à un jugement sur Swedenborg exégète. Une raison plus sérieuse qu'il a de s'en abstenir est que la religion de Swedenborg commence à la fin des textes sacrés, à la Nouvelle Jérusalem (Apocalypse, 21, 11). À la parole du Père, et à l'Évangile du fils doit succéder le saint *esprit*. Et comme un même Esprit, selon saint Paul déjà (I Cor. 12, 13) nous abreuve tous, Juifs et Grecs, il « opère toutes ces choses » (*Ibid.*, 12, 11) que sont, selon ses partisans, les Védas, le Koran, le Zend, ou le fétichisme d'Afrique : croyons-en Paul-Eugène Witz, bachelier de Strasbourg en 1835 (*Essai sur la vie et sur quelques articles d'Emmanuel Swedenborg*) car il était le petit-fils d'Oberlin, fondateur de l'église néo-solymite de France.

La pensée de Swedenborg doit être considérée hors de toute théologie (comme Kant l'a bien vu dans sa note, p. 51), la perspective qui lui convient étant celle d'un surhumanisme. C'est dans Nietzsche qu'il faudrait chercher non sa continuation, mais son recommencement, notamment aux derniers fragments de la *Volonté de puissance* (trad. G. Bianquis, tome II, p. 384, fr. 609, 606 ; p. 389, fr. 636 ; p. 390, fr. 340 et 344) : la sympathie du fils de la terre pour les maladies du soleil est l'ouverture d'un discours où l'homme s'identifie parfaitement à l'humanité avant de s'égaler à la nature entière, et au Tout qui est le destin. Le grand homme n'apparaît plus comme quelqu'un d'un peu plus remarquable, mais comme l'immense et total *maximus homo* de Swedenborg. N'est-ce pas le sens des mots *Schwärmer* et *schwärmerisch* ? Luther s'en servait pour blâmer ceux qui avaient des théories sur le mode d'action des sacrements ; de même Kant, pour désigner ceux qui portent leur regard beaucoup plus loin que l'action possible (Ak. VIII, p. 27). La démesure est cette forme de revendication qui dépasse son but et retombe pour s'en aller vers son contraire, comme les thèses des antinomies.

7. Nous choisissons ces mots à cause de leur assonance, pour traduire Wahn*sinn* et Wahn*witz*, que nous avons déjà expliqués (faute de perception et faute de jugement). Le mot de paranoïa, pour rendre le second, nous semble trop récent même s'il nous dit mieux la présence du délire. Voir note 7, p. 193.

8. Influx (et symbiose pour ses commentateurs) sont donc les maîtres-mots de cette doctrine : l'esprit n'existe plus que par la société des esprits : « S'il n'y a pas chez l'homme des esprits et des anges, par lesquels est transmis l'influx, l'homme ne peut même pas vivre un seul instant, ni par conséquent penser et vouloir » (*Arcana caelestia*, n° 10219, cité par Geymuller, *Swedenborg et les phénomènes psychiques, op. cit.*, p. 30) ; « quand les anges influent, ils adjoignent aussi des affections et les affections contiennent en elles-mêmes des choses innombrables » (*Arcana*, n° 6320, Geymuller, p. 32) ; « tout esprit pense et parle non d'après lui-même, mais d'après d'autres et ainsi de suite » (*Arcana*, n° 6470, Geymuller, p. 30) ; « toutes choses subsistent par l'influx… médiatement à travers le monde spirituel » (*Arcana*, n° 6056, Geymuller, p. 29). La gratitude de Swedenborg doit aller, certes, à la conscience qu'il a reçue de ce commerce, mais aussi à la bienveillance qui lui a épargné de se voir envahi, dans chacune de ses pensées, par une pensée supérieure. Le Seigneur qui est l'âme, ou plutôt l'unité, de ce monde spirituel, a pris certaines mesures pour que les individus aient le droit d'exister et de se sentir comme tels : « S'il était permis aux esprits de se servir de la mémoire extérieure, le genre humain périrait, car chaque homme est gouverné par le Seigneur au moyen des esprits et des anges. Si les esprits influaient dans l'homme d'après la mémoire extérieure, l'homme ne pourrait pas penser d'après sa propre mémoire, mais il penserait d'après celle de l'esprit, par conséquent l'homme n'aurait plus sa vie ni sa liberté à sa disposition, mais il serait *obsédé* » (*Arcana*, n° 2477, Geymuller, p. 58).

Donc l'esprit est communication, mais le corps est indépendance (sauf, bien sûr, en tant que vivant : et l'on voit qu'il y a de quoi faire pour résoudre cette antinomie ; mais comment la réponse ne serait-elle pas dans l'un de ces milliers de paragraphes ?). Comme Kant le dit plus bas, l'extérieur de la mémoire l'individualise, et l'intérieur le rattache au monde des esprits : il a compris le principe.

9. Le corps est-il un filtre ? On comprendrait alors ce que Bergson est allé faire à la *Society for physical research*. Un texte cité par Geymuller le laisse supposer : de ces choses innombrables que les anges influent « il n'y en a que peu qui soient reçues par l'homme et seulement celles qui sont applicables aux choses qui sont antérieurement dans sa mémoire » (*Arcana*, n° 6320 ; *Swedenborg et les phénomènes psychiques*, *op. cit.*, p. 32). « Dans la mémoire intérieure se gravent toutes les choses particulières, et même les plus particulières, que l'homme a pensées, prononcées et faites, même celles qui lui ont apparu comme une ombre, ainsi que les plus petites minuties, depuis sa première enfance jusqu'à son extrême vieillesse » (*Arcana*, n° 2474 ; Geymuller, p. 62). Comme tout cela est substance, cela sera retrouvé un jour, comme la bouteille de Roland. L'inconscient (dès le niveau de l'oubli) est sur la voie de l'illuminisme, et l'on en conçoit mieux les résistances d'un Politzer.

10. Oui, car sans cela il serait fou (c'est-à-dire : à ses propres yeux). À son ami Robsahm (voir ci-dessus la note 4 pour la page 94, aux pages 156 et 157) qui lui demandait si d'autres ne pourraient pas recevoir le même bienfait que lui (et, sans doute également, vouloir se le procurer) Swedenborg répondit : « Prenez garde, c'est un chemin qui conduit à l'hôpital des fous » (Geymuller, *Swedenborg et les phénomènes psychiques*, *op. cit.*, p. 34). Mais nous allons retomber dans cette difficulté à propos du problème de la communication, que l'on ne peut pas ne pas évoquer en tant que phénomène général de la

société des esprits, et qui dans la mesure ou elle s'adresse à l'homme ne peut pas ne pas comporter un élément extérieur. Il en résultera que les esprits participent aux infirmités de l'extérieur : qu'ils se prennent parfois pour des «personnes», qu'ils sont menteurs, et même lascifs (Geymuller, sur pièces qu'on trouvera aux pages 64, 67, 69). C'est que les esprits ne *jouent* pas à parler le langage des hommes, ils y sont engagés de bonne foi : «Une des choses merveilleuses qui existent dans l'autre vie, c'est que les esprits s'entretiennent avec l'homme dans son propre langage, aussi clairement et aussi habilement que s'ils fussent nés dans le même pays et eussent été instruits dans la même langue... Bien plus, ils ne savent à cet égard autre chose sinon que la langue qu'ils parlent avec l'homme est leur propre langue maternelle» (*Arcana*, n° 1637, Geymuller, p. 60-61). Ils ont pourtant une langue à eux, qu'ils parlent entre eux «quoiqu'ils l'ignorent», et qui est «cadencée comme le langage rythmique ou harmonique des cantiques» (*Arcana*, n° 1649 ; *ibid.*, p. 61-62).

11. C'est, en fait, un autre moyen de communication : l'intuition intellectuelle. Voir ci-dessus note 9 de la p. 177. Elle nous permet l'illusion de penser par nous-mêmes ce que nous pensons, et elle fait pour les esprits que «tout ce que l'homme pense et machine intérieurement» leur est clairement découvert (*Arcana*, n° 6214 ; Geymuller, *Swedenborg et les phénomènes psychiques*, *op. cit.*, p. 58).

12. La perception de notre intérieur par les esprits est totale, *si elle a lieu* (Geymuller, p. 59). Il y a une condition préalable, qui est l'affinité (*Arcana*, n°ˢ 5179 et 6206, *ibid.*, p. 55).

13. Le médium, dirions-nous. Voir Kant, p. 133.

14. Geymuller (*Swedenborg et les phénomènes psychiques*, *op. cit.*, p. 50) dit vigoureusement «Le monde spirituel n'est pas dans un autre *lieu*, mais dans un autre *espace*». On ne saurait mieux dire (à condition, bien sûr, de savoir que l'espace est forme de l'*intuition*),

que l'accès à ce monde requiert une *intuition intellectuelle* (voir la réflexion de Kant que nous avons citée à la note 9 de la page 177).

15. Le coup est pour les wolffiens (de même p. 135 où le mot harmonie est employé au lieu de sympathie ou consonance). Kant qui a mis la partie *critique* (qu'il a appelée dogmatique) avant la partie historique a feint de s'accuser d'avoir commencé par l'a priori. Mais cette fiction a des limites (voir ci-dessus, p. 126-127).

16. « L'homme, quant à l'Externe, ne peut subsister que d'après l'Interne et au moyen de l'Interne. L'homme Interne ne peut non plus subsister que d'après le ciel et au moyen du ciel ; et le ciel non plus ne peut subsister d'après soi, mais subsiste d'après le Seigneur qui Seul subsiste d'après Soi » (*Arcana*, n° 6056, Geymuller, *Swedenborg et les phénomènes psychiques*, *op. cit.*, p. 29). « Puisque nul ne pense ni ne parle d'après soi, mais d'après d'autres, tous enfin pensent et parlent d'après un seul, ainsi d'après le Seigneur ; et si tous ne pensaient pas et ne parlaient pas d'après un seul, il n'aurait jamais pu exister aucun ordre de vies dans le ciel, où cependant il y a cet ordre, que le ciel est distingué en sociétés selon la qualité du bien : il en serait tout autrement si chacun agissait d'après sa vie » (*Arcana*, n° 6470, Geymuller, *Swedenborg et les phénomènes psychiques*, *op. cit.*, p. 31-32). Ce « maximus homo » (voir p. 135) est la grande différence entre Swedenborg et Lavater : celui-ci n'est que pasteur dans une petite paroisse, dont il visite les fidèles, qu'il fait parler parce qu'il les aime ; il ne s'élèvera donc jamais au-dessus du symbolisme d'échelle réduite qui a lieu entre l'âme et les traits du visage. Les seuls miracles qu'on lui attribue sont d'avoir reconnu Sébastien Mercier (parce qu'il avait lu son *Tableau de Paris*) et d'avoir dit à Mirabeau que tous les vices étaient en lui, mais non le désir d'y résister. Il y eut quelques relations entre l'immodeste Suédois (interlocuteur de tous les grands hommes disparus) et l'humble aumônier des prisons de Zurich. Elles furent

cruellement décevantes (voir Benz, *Swedenborg in Deutschland*, *op. cit.*, p. 220-222), le voyant n'ayant pas répondu à la demande concernant le sort, dans le ciel, d'un ami de Lavater qui venait de mourir. Les grandes sociétés ont aussi des limites.

17. *Énéide*, VI, vers 701-702. On voit que le développement sur le monde invisible du dogmatisme tourne court.

18. Rousseau, *Émile*, livre II (éd. Didot 1883, p. 440) : « Oserai-je exposer ici la plus grande, la plus utile règle de toute l'éducation ? Ce n'est pas de gagner du temps, c'est d'en perdre ». Le rapprochement des deux passages ne signifie pas seulement qu'il vaut mieux ne rien savoir (que s'informer d'un dogmatisme qui n'est vrai qu'après notre mort) ; il met aussi en évidence le danger de la précocité, qui est un renversement de l'ordre. Rousseau dit textuellement : « Si nous voulons *pervertir cet ordre...* nous aurons de jeunes docteurs et de vieux enfants » (éd. citée p. 438) ; nous avons souligné ces trois mots, parce que la *Critique de la raison pure* développe longuement l'idée de *perversa ratio* (Ak. III, p. 455).

19. Le verbe enfler est cher à saint Paul, par exemple dans la *première aux Corinthiens* : « enflés d'orgueil » (4, 18) ; « ceux qui se sont enflés » (4, 19) ; « et vous êtes enflés d'orgueil » (5, 2) ; mais surtout (8, 1) : « la connaissance enfle, mais la charité édifie ». Rousseau, de son côté : « à chaque instruction précoce qu'on veut faire entrer dans leur tête, on plante un vice au fond de leur cœur » (*loc. cit.*, p. 439).

Chapitre III : Conséquence pratique

1. Il faut Socrate pour racheter le cynisme de Diogène et le rire indiscret de Démocrite (et l'on sait que le mal famé La Mettrie s'était fait peindre sous ce nom) : la science enflée, vaniteuse (comme Kant le

dit maintenant), qui dénigre la sagesse en la faisant passer pour une simplicité sotte, est à l'affût de ses maladresses dont elle pourra profiter. Les notes pour les cours professés de logique utilisent deux fois un autre propos de Socrate, restrictif comme celui-ci : *quae supra nos, nihil ad nos* (nos 1966 et 3336, Ak. XVI, pages 176 et 321).

2. Déjà dit p. 138, peu avant l'appel de la note 18.

3. *Posten.* L'idée contenue dans ce mot sera illustrée, dans la *Critique de la raison pratique*, par les vers de Juvénal cités p. 169 de la traduction Picavet (*esto bonus miles, tutor bonus*, etc.). Le mot lui-même est repris dans un passage des *Leçons de métaphysique* publiées par Pölitz (lesquelles ont été professées autour de 1778), qui résume curieusement toute cette conclusion : «Il n'est nullement compris dans notre destination que nous nous inquiétions beaucoup de la vie future : mais nous devons accomplir le cycle pour lequel nous sommes mandés ici-bas, et attendre pour savoir ce qu'il en sera au sujet de la vie future. Le principal est que dans ce poste nous nous comportions honnêtement, et d'une façon moralement bonne, et que nous nous rendions dignes du bonheur à venir. Car il serait absurde, si dans le métier de soldat on occupe le poste le plus bas, de s'inquiéter de la condition du colonel ou du général. Il sera temps plus tard, quand on y parviendra» (*Vorlesungen über die Metaphysik*, réédition de 1924, p. 154). C'est dans le même sens que l'*Anthropologie* est faite d'un point de vue *pragmatique* (c'est-à-dire centré sur le labeur humain) et que la *Pédagogie* parle de *discipline*. Mais l'ouvrage le plus occupé par cette estime du travail est l'*Unique fondement possible d'une preuve de l'existence de Dieu* pour lequel on pourra consulter la traduction Festugière aux pages 52-53, 83, 105, 108.

4. La Genèse nous enseigne que ce fut le métier de Caïn : «et Habel fut pasteur du troupeau et Caïn cultivateur de l'humus» (chap. 4, verset 2). Voici le commentaire de Swedenborg (*Arcana*

Caelestia, § 342 à 345) : « La charité est appelée frère et nommée Habel… Chacun peut savoir que le Pasteur du troupeau est celui qui exerce le bien de la charité ; car cette expression se rencontre souvent dans la Parole de l'Ancien et du Nouveau Testament. Celui qui dirige et enseigne est appelé *Pasteur* ; ceux qui sont dirigés et instruits sont appelés *troupeau*. Celui qui ne dirige pas vers le bien de la charité et qui n'enseigne point le bien de la charité n'est point le vrai *pasteur* ; et celui qui ne se dirige point vers le bien, quoiqu'il soit instruit sur le bien, n'est pas le *troupeau*… *Cultiver l'humus*, c'est être sans charité par suite de la foi séparée de l'amour, foi qui est nulle ; c'est ce qui peut résulter de ce qui est dit plus loin, que Jéhovah n'eut pas égard au présent de Caïn, et que celui-ci tua son frère, c'est-à-dire détruisit la charité signifiée par Habel. On disait de ceux qui ont pour but les choses corporelles et les choses terrestres qu'ils *cultivaient l'humus*, comme on le voit par ce qui est rapporté au chapitre III, versets 19, 23, où il est dit que l'homme fut renvoyé du jardin d'Eden pour cultiver l'humus ». Kant a dit, p. 129 : le style de l'auteur est plat.

INDEX DES NOTIONS

Les renvois à l'introduction et aux notes du
traducteur sont en caractères *italiques*

INDEX DES NOMS

TABLE DES MATIÈRES

RÊVES D'UN VISIONNAIRE EXPLIQUÉS PAR DES RÊVES MÉTAPHYSIQUES

PREMIÈRE PARTIE
QUI EST DOGMATIQUE

Imprimerie de la manutention à Mayenne (France) - Janvier 2014 - N° 2142875Y
Dépôt légal : 1er trimestre 2014